LAROUSSE

RECETAS PARA
DEPORTISTAS
Deliciosas · Nutritivas · Vigorizantes

Debby Braun

DIRECCIÓN EDITORIAL
Tomás García Cerezo

EDITORA RESPONSABLE
Verónica Rico Mar

COORDINACIÓN DE CONTENIDOS
Gustavo Romero Ramírez

ASISTENCIA EDITORIAL
Montserrat Estremo Paredes, Mayra Pérez Cuautle

FOTOGRAFÍA
Leon Rafael

ESTILISMO DE ALIMENTOS
Equipo Editorial de Gastronomía de Ediciones Larousse

DISEÑO Y FORMACIÓN
Visión Tipográfica Editores, S.A. de C.V. / Rossana Treviño Tobías

CORRECCIÓN DE PRUEBAS
Adolfo Tomás López Sánchez

DISEÑO DE PORTADA
Ediciones Larousse S.A. de C.V., con la colaboración
de Nice Montaño Kunze

FOTOGRAFÍA COMPLEMENTARIA
©Shutterstock.com

© 2018 Ediciones Larousse, S.A. de C.V.
Renacimiento 180, colonia San Juan Tlihuaca, delegación Azcapotzalco,
C.P. 02400, Ciudad de México.

ISBN: 978-607-21-2043-3

Primera edición, julio de 2018

www.larousse.com.mx

Impreso en México

Se terminó de Imprimir en agosto de 2018 en los talleres de Infagon, S.A de C.V.
Alcaicería No. 3 Col. Zona Norte Central de Abastos.
C.P. 09040. Iztapalapa, Ciudad de México.

Una sinergia saludable

Es conocido que para tener calidad de vida debemos poner atención en nuestra alimentación y realizar ejercicio habitualmente. Para ambas prácticas existen especialistas que nos pueden recomendar ejercicios y dietas de acuerdo con nuestros requerimientos personales, pues a pesar de que conocemos de forma general las actividades deportivas más comunes, así como los alimentos que hay que evitar para propiciar un rendimiento físico deportivo óptimo, ello no basta para que podamos decidir siempre de manera idónea.

El contenido energético de una ración de alimento es la guía básica para la alimentación de quienes practican deporte. Gracias a él es posible, en cierta medida, moldear la dieta de acuerdo con gustos y preferencias, siempre y cuando se respete el consumo energético por porción y por día. Basados en este elemento, en Larousse decidimos contribuir, de la mano de Debby Braun, a crear el libro *Recetas para deportistas* con el objetivo de ofrecer una opción de alimentación sana, pensada para quienes practican ejercicio.

Las tablas nutrimentales de las recetas de este libro son la llave para decidir cuáles de ellas preparar. Todas pueden ser elaboradas y consumidas por cualquier deportista, siempre y cuando se adecuen al contenido energético establecido en su dieta. Encontrará recetas equilibradas y variadas clasificadas en nueve apartados: Jugos, licuados y smoothies; Ensaladas y aderezos; Tentempiés; Cremas y sopas; Vegetales; Sándwiches, pastas y antojitos mexicanos; Platos principales; Postres y Acompañamientos. Una vez que explore cada sección se dará cuenta que las recetas son propuestas novedosas que dejan atrás la idea de que comer sano es sinónimo de soso o aburrido.

Comience con este libro una nueva etapa en su vida creando un círculo virtuoso de alimentación y ejercicio, o si ya practica algún deporte, dé un giro de tuerca a lo que habitualmente consume. Porque comer y ejercitarse no tienen nunca que ser algo tedioso o insípido, sino algo vigorizante.

Los editores

A Moy, por estar siempre a mi lado; mi felicidad, mi fortaleza.

A Sergio y Ariela, a Rubén y Lilián, que son el mayor tesoro de mi vida.

Debby Braun

SUMARIO

Bases de alimentación general

Los nutrimentos que toda persona requiere para mantener un adecuado estado de salud son de dos tipos: macronutrimentos, constituidos por hidratos de carbono, lípidos o grasas y proteínas, y micronutrimentos, como vitaminas y minerales. Ellos aportan la energía al cuerpo y contribuyen a regular los procesos fisiológicos vitales y a construir, reparar y mantener los tejidos. El agua participa en todos los procesos vitales del organismo, y aunque no sea considerado un alimento o nutrimento por no proporcionar un aporte energético, su consumo en cantidades adecuadas es fundamental.

Los nutrimentos esenciales se dividen en macronutrimentos (hidratos de carbono, lípidos y proteínas) y micronutrimentos (vitaminas y minerales).

Hidratos de carbono

Los hidratos de carbono son compuestos formados por carbono, hidrógeno y oxígeno, que durante el metabolismo se utilizan para producir energía. Constituyen la principal fuente energética para el cuerpo, aportan 4 kcal por gramo y son esenciales para mantener una actividad física y muscular normal. Regulan el metabolismo de las grasas de manera eficiente y son un combustible para el sistema nervioso central, el cual utiliza glucosa como fuente de energía. Los alimentos que los contienen son los cereales y su derivados, así como frutas, verduras, tubérculos y leguminosas.

Glucosa, fructosa y sacarosa son los principales azúcares en los vegetales; sin embargo, su proporción varía de acuerdo con el grado de madurez del alimento.

Los hidratos de carbono se dividen en tres grandes grupos: los monosacáridos, llamados también azúcares simples; los oligosacáridos, que se componen de estos últimos, y los polisacáridos, que químicamente son los más complejos de los tres.

Monosacáridos

Son hidratos de carbono sencillos que también son llamados azúcares simples, entre los cuales están la fructosa, la glucosa y la galactosa.

La glucosa es el monosacárido más abundante en la naturaleza, aun cuando para producir energía se encuentra más comúnmente como oligosacárido y polisacárido y no en su forma libre de monosacárido. Representa la principal fuente de energía, específicamente para el cerebro que llega a utilizar hasta 130 g por día. Se encuentra en las frutas y en la cebolla, por mencionar algunos ejemplos. La fructosa se encuentra en las frutas, mieles y algunos vegetales, mientras que la galactosa se halla en la leche y sus derivados.

Oligosacáridos

Son hidratos de carbono compuestos de azúcares simples, como la sacarosa, la maltosa y la lactosa.

La sacarosa se encuentra de manera natural en frutas, ciertos vegetales y leguminosas, y es el nombre científico del azúcar de mesa que se obtiene a partir de la caña de azúcar y del betabel.

La maltosa, también conocida como azúcar de malta, es un disacárido formado por una unidad de dos glucosas; no es común hallarla de forma natural en alimentos. Se encuentra en granos de cebada, en la melaza y en la cerveza. También se produce cuando se lleva a cabo la digestión o cocción de ciertos alimentos, como la papa o el maíz. Por ejemplo, el camote crudo no contiene maltosa; sin embargo, durante el proceso de cocción pueden generarse algunos gramos de ella. Industrialmente se produce a partir del almidón. Alimentos procesados que contienen maltosa son caramelos, miel, galletas, masa para pizza, pan de trigo y cereales procesados.

La lactosa se encuentra de manera exclusiva en la leche y sus derivados.

Polisacáridos

Son los hidratos de carbono más complejos desde el punto de vista químico. Todos tienden a ser insolubles en agua. Como ejemplos se encuentran la celulosa, el almidón, las pectinas, las gomas y la inulina. La gran mayoría se encuentra de forma natural en muchos alimentos vegetales.

Los polisacáridos se dividen en dos grupos: estructurales y de reserva energética.

Polisacáridos estructurales

Se denomina fibra a un amplio grupo de polisacáridos estructurales que se encuentran en las paredes de las células de los vegetales. Se divide en dos grupos: fibras solubles y no solubles. El humano no puede aprovecharlas (metabolizarlas) porque no cuenta con las enzimas necesarias para ello, lo cual ocasiona que sean desechadas en las heces; debido a esto también son llamadas hidratos de carbono no disponibles.

Las fibras solubles son las gomas, la hemicelulosa y las pectinas. Llegan a retener hasta 20 veces su peso en agua, lo que propicia que el organismo experimente una sensación de saciedad si las consume; además, aceleran el movimiento intestinal y estimulan la secreción gástrica. Son fermentadas por las bacterias presentes en el colon, generando CO_2 (bióxido de carbono), hidrógeno, metano y ácidos grasos volátiles.

Las fibras no solubles son la celulosa, el polisacárido más abundante en el reino vegetal, y la lignina; ambos se encuentran en la capa externa de los cereales (mesocarpio). Al igual que las fibras solubles, otorgan al organismo una sensación de saciedad, además de que aletargan el tránsito intestinal ayudando a formar el bolo alimentario aumentando el volumen fecal y favoreciendo la evacuación. Las bacterias presentes en el colon no pueden fermentarlas, por lo cual son eliminadas a través de las heces.

La inulina es un polisacárido constituido por moléculas de fructosa, no digerible por las enzimas del tracto digestivo, pero que es fermentada por las bacterias de la parte inferior del intestino grueso y colon; por ello se considera una fibra dietética. Presente en algunos vegetales, frutas y cereales, se extrae de distintos alimentos, como cebolla, ajo, espárrago o centeno. A nivel industrial se extrae de la raíz de la achicoria. Se utiliza en alimentos funcionales, los cuales por definición son aquellos alimentos que contienen un compuesto o nutrimento con actividad selectiva benéfica, lo que otorga un efecto fisiológico adicional al propio valor nutrimental del alimento.

Las gomas son hidratos de carbono viscosos que se extraen de vegetales terrestres o marinos o de microorganismos. Tienen la capacidad de producir geles al combinarse con agua fría o caliente. Las gomas de uso más común se obtienen a partir de las semillas de guar y algarrobo (*Ceratonia siliqua*), de los exudados de plantas, como el tragacanto y la goma arábiga, y de algas, como los alginatos y carrageninas. Todas son altamente utilizadas en el procesamiento de alimentos en los cuales desempeñan funciones emulsificantes, estabilizantes y espesantes, y en algunos casos, gelificantes y como agentes de suspensión.

El agar es un hidrocoloide que se obtiene de diferentes tipos de algas (*Gracilaria, Gelidium* y *Gelidiella*). Es un agente gelificante y espesante utilizado ampliamente en alimentos industrializados de pastelería (tartas, donas, pasteles), productos lácteos (yogur, leches fermentadas), confitería (dulces, caramelos, mermeladas) y productos cárnicos.

Polisacáridos de reserva energética

El almidón es una fuente de energía fundamental para el organismo que está presente en los cereales, la papa, el camote, la yuca y otros vegetales. Después de la celulosa, es el segundo polisacárido más abundante, presente en tubérculos, cereales y algunas frutas y vegetales. Su cantidad varía de acuerdo con el grado de madurez que presente el alimento que lo contiene.

El glucógeno es un polisacárido que se produce en el cuerpo humano a partir de los monosacáridos provenientes de la digestión. Cuando estos monosacáridos pasan al torrente sanguíneo, el excedente de ellos que no se utiliza para producir energía se fusiona para formarlo; éste es la reserva energética en el músculo y a nivel hepático.

HIDRATOS DE CARBONO	EJEMPLOS
Monosacáridos	Glucosa (frutas), fructosa (frutas, mieles y algunos vegetales) y galactosa (leche y su derivados).
Oligosacáridos	Sacarosa (frutas, ciertos vegetales y leguminosas, azúcar de mesa), maltosa (miel, melaza) y lactosa (leche y sus derivados).
Polisacáridos	Celulosa (cereales, frutas y verduras), almidón (tubérculos, cereales, algunas frutas y vegetales), pectinas (cítricos, betabel, manzana), gomas (semilla de guar) e inulina (cebolla, ajo y espárrago).

Como parte de una dieta saludable, el consumo de hidratos de carbono debe ser entre 55 a 65% de la energía total consumida al día. Dentro de este porcentaje es recomendable limitar el consumo de azúcares libres a menos de 10%. En cuanto a fibra dietética, es recomendable consumir entre 20 y 30 gramos al día. Como primera elección deben estar los cereales integrales que contengan hidratos de carbono complejos y fibra.

Proteínas

Las proteínas son un constituyente esencial en todas las células. Tienen una función estructural en el organismo al servir para el mantenimiento, construcción y reparación de los tejidos corporales. Forman parte de los músculos, órganos y ligamentos, son indispensables para la constitución de las células e intervienen en la contracción muscular. Son necesarias para el crecimiento y desarrollo corporal, para producir enzimas digestivas y metabólicas y forman parte esencial de algunas hormonas, como la insulina y tiroxina. Tienen un papel fundamental en la nutrición del ser humano, ya que proporcionan componentes esenciales para la producción de proteínas y sustancias nitrogenadas, las cuales son necesarias para el crecimiento y reparación de los tejidos del cuerpo. Su aporte para el organismo es de 4 kcal por gramo, misma cantidad que los hidratos de carbono.

Las proteínas están constituidas por aminoácidos, los cuales se clasifican en dos grupos: los esenciales, que se deben obtener a través de los alimentos porque el organismo no los puede producir, y los no esenciales, que el or-

Las proteínas están constituidas por aminoácidos de dos tipos: esenciales y no esenciales.

Los aminoácidos esenciales, es decir, los que el organismo no puede producir, son ocho: leucina, isoleucina, lisina, metionina, treonina, fenilalanina, triptófano y valina.

La calidad nutrimental de las proteínas depende del alimento del que provengan.

ganismo sí puede producir. De los 20 aminoácidos de origen proteico que existen, ocho son esenciales: leucina, isoleucina, lisina, metionina, treonina, fenilalanina, triptófano y valina.

Cuando se consumen proteínas a través de los alimentos, el organismo las degrada en aminoácidos para poder ser aprovechados y producir las proteínas necesarias para las funciones esenciales de las células, como la renovación y formación de nuevos tejidos en el organismo. Si el consumo de proteínas es bajo, disminuye la capacidad de defensa del organismo y es alterada la actividad del sistema nervioso; en niños y adolescentes, retrasa el crecimiento y desarrollo. Sin embargo, su consumo en exceso no es recomendable.

Existen dos fuentes de proteínas: las de origen animal (leche, huevo, res, pollo, pescado y derivados) y las de origen vegetal (leguminosas: frijol, garbanzo, lenteja, haba y similares). Se considera una buena proteína aquella que contiene un aporte adecuado de aminoácidos esenciales y en las proporciones adecuadas; es decir, que tiene buena calidad y valor biológico. Entre ellas se encuentran las proteínas de origen animal. Por otro lado, las proteínas de origen vegetal se consideran incompletas por no contener todos los aminoácidos esenciales. Para suplir esta carencia, se suelen consumir combinaciones de leguminosas con cereales, por ejemplo, arroz con frijol.

Lípidos

La palabra lípido viene del griego lipos (λίπος) que significa grasa. Esta designación comprende los aceites, las grasas y algunas otras sustancias, que forman parte de la textura y lubricación de los alimentos.

Los lípidos otorgan saciedad al organismo y le permiten que realice complejas funciones fisiológicas. Son una fuente importante de energía al proveer 9 kcal por gramo, constituyen la mayor reserva energética en el cuerpo para desarrollar todo el trabajo biológico en el organismo, y junto con los hidratos de carbono, son el combustible principal que se utiliza al realizar ejercicio. También son termorreguladores; es decir, funcionan como aislantes naturales del frío mediante su acumulación en el tejido adiposo y otorgan protección a los órganos vitales. Forman parte de la síntesis de algunas hormonas y también son

vehículo para las vitaminas A, D, E y K, a la vez que facilitan su absorción por el organismo. Son responsables de la palatabilidad de los alimentos.

Los lípidos, de la misma manera que las proteínas, provienen de dos fuentes: la de origen vegetal son aceites oleaginosos, como nueces, almendras, piñones y similares; la de origen animal la constituyen los productos derivados de animales, como tocino, embutidos, mantequilla, lardo, entre otros.

Los lípidos o grasas además se pueden clasificar con base en sus características. Si son líquidos a temperatura ambiente (20 °C) se les conoce como aceites (de canola, maíz, oliva, cártamo, soya, girasol, ajonjolí, cacahuate, entre otros). Si son sólidos a temperatura ambiente (20 °C) se les conoce como grasas: mantequilla, lardo, manteca de cerdo, aceite o manteca de coco, aceite o manteca de palma y otras más.

Los lípidos están constituidos por ácidos grasos, los cuales se clasifican en cuatro grupos:

TIPO DE ÁCIDO GRASO	CARACTERÍSTICAS	ALIMENTOS DONDE SE ENCUENTRAN
Monoinsaturados	Son generalmente líquidos a temperatura ambiente. Contienen un doble enlace en su estructura química.	Aguacate, aceitunas; aceites de canola, oliva, cacahuate, girasol; crema de cacahuate; oleaginosas, como cacahuate, nuez, avellana y almendra.
Poliinsaturados	Se encuentran en alimentos de origen vegetal y en algunos pescados. Contienen uno o dos dobles enlaces en su estructura química. No se sintetizan en el organismo; es decir, se deben obtener a través de los alimentos.	Pescados, como salmón, trucha, arenque, anchoa, atún o macarela; aceites de canola, girasol, maíz y soya; oleaginosas, como cacahuate, nuez, ajonjolí, semillas de girasol, calabaza y linaza.
Saturados	Son sólidos a temperatura ambiente. No contienen dobles enlaces en su estructura química. Se encuentran en alimentos de origen animal y en el aceite o manteca de coco y de palma.	Carnes de res, pollo y cerdo, vísceras, embutidos, yema de huevo, leche, mantequilla, margarina, manteca de cerdo, yema y aceites o mantecas de palma y de coco.
Trans	Son resultado del proceso de hidrogenación de aceites para obtener grasas sólidas.	Aceite vegetal hidrogenado, manteca vegetal hidrogenada, margarina y alimentos procesados, como donas, pasteles, alimentos fritos, panes, dulces y galletas.

Los lípidos denominados aceites, se caracterizan por ser líquidos a temperatura ambiente. Contienen un alto porcentaje de ácidos grasos monoinsaturados y poliinsaturados y son una buena fuente de ácidos grasos esenciales y vitamina E. Si se consumen en exceso se almacena en forma de tejido adiposo, especialmente de forma subcutánea.

Las grasas son sólidas a temperatura ambiente. Están compuestas básicamente por triglicéridos (formados por una molécula de glicerol y tres moléculas de ácidos grasos). Se encuentran en los alimentos y en el organismo. Alrededor de 90% de las grasas en el cuerpo son triglicéridos.

La digestión de las grasas inicia en la boca, a través de la masticación, con ayuda de la enzima lipasa que permite la ruptura de los triglicéridos en compuestos más simples. En el estómago interviene la lipasa gástrica para iniciar la absorción de algunos ácidos grasos. Ya en

el intestino delgado, con la presencia de la bilis y la lipasa pancreática, los ácidos grasos son digeridos y metabolizados antes de ser utilizados por el organismo.

Las grasas se almacenan en el cuerpo en el tejido adiposo formado por adipositos, situado a nivel subcutáneo, debajo de la piel y grasa visceral o interna. Según sus funciones en el organismo se divide en grasa de almacenamiento o grasa esencial.

LÍPIDOS	CARACTERÍSTICAS	ALIMENTOS DONDE SE ENCUENTRAN
Aceites	Líquidos a temperatura ambiente (20 °C).	Aceites de canola, maíz, oliva, cártamo, soya, girasol, ajonjolí, cacahuate, entre otros.
Grasas	Sólidos a temperatura ambiente (20 °C).	Mantequilla, manteca de cerdo, lardo, aceites o mantecas de coco y de palma.

Los lípidos consumidos a través de la dieta proveen los ácidos grasos indispensables para una salud óptima, de ahí que deban consumirse diariamente de ellos entre 25 y 30% del aporte diario de energía, del cual menos de 7% corresponda a ácidos grasos saturados, de 6 a 10% a ácidos grasos poliinsaturados y menos de 1% de ácidos grasos trans.

Colesterol en la dieta

El colesterol es un esterol natural presente en todos los tejidos animales. El colesterol libre es un componente de las membranas celulares y sirve como precursor de las hormonas esteroides (estrógeno, testosterona, aldosterona) y de los ácidos biliares. Los seres humanos son capaces de sintetizar colesterol suficiente para cumplir con sus requisitos biológicos.

El colesterol que viaja en el suero de la sangre como partículas distintas que contienen lípidos y proteínas (lipoproteínas) es también conocido como colesterol sérico. Existen dos tipos de lipoproteínas: la lipoproteína de alta densidad HDL-colesterol, llamada frecuentemente "colesterol bueno"; ésta transporta el colesterol de los tejidos al hígado donde es eliminado del cuerpo. Y la lipoproteína de baja densidad LDL-colesterol, llamada frecuentemente "colesterol malo" porque transporta colesterol a las arterias y tejidos. Un nivel alto de colesterol LDL en la sangre conduce a una acumulación de colesterol en las arterias. Como parte de una dieta saludable es recomendable consumir la menor cantidad de colesterol: menos de 200 mg al día.

El colesterol se encuentra en alimentos de origen animal: carne, mariscos, aves, huevo y productos lácteos. Los alimentos de origen vegetal, como cereales, verduras, frutas, semillas oleaginosas (nuez, cacahuate, ajonjolí, almendra) y aceites obtenidos de éstos no contienen colesterol.

Recomendaciones de consumo de nutrimentos

A continuación se presentan las recomendaciones de nutrimentos para la población mexicana basada en una dieta de 2 000 kcal:

NUTRIMENTO	RECOMENDACIÓN
Hidratos de carbono	55 a 65% de la energía total.
Azúcares	10% de la energía total obtenida por hidratos de carbono.
Fibra	20 a 30 g diarios.
Proteína	10 a 15% de la energía total.
Lípidos totales	25 a 30% de la energía total.
Ácidos grasos saturados	<7% de la energía total.
Ácidos grasos poliinsaturados	6 a 10% de la energía total.
Ácidos grasos monoinsaturados	Suficientes para completar el porcentaje total de lípidos con relación al porcentaje consumido de poliinsaturados y monoinsaturados.
Ácidos grasos trans	<1% de la energía total (preferible no consumirlos).
Colesterol total	<200 mg diarios.
Sodio	1 200 a 1 500 mg diarios.

Los requerimientos anteriores han sido determinados con base en la dieta habitual; es decir, la cantidad de alimentos y bebidas que se consumen frecuentemente en un lapso de 24 horas establecidos de acuerdo con la cantidad mínima requerida para que la persona tenga un estado nutrimental adecuado. Es recomendable complementar esta información con la Ingestión Diaria Recomendada (IDR) para la población mexicana. Si bien la tabla anterior sirve como orientación, los requerimientos nutrimentales varían de persona a persona con base en su composición y masa corporal, género, edad, estado fisiológico, porcentaje de actividad física que realice y otros factores.

La ingestión de nutrimentos recomendada se debe basar en una dieta personalizada, la cual sin importar de qué tipo sea, debe ser siempre:

- *Completa.* Que tenga todos los nutrimentos que se requieren.
- *Equilibrada.* Que los nutrimentos que se obtengan a través del consumo de alimentos tengan las proporciones adecuadas.

Una dieta correcta debe ser siempre:

- *Completa*
- *Inocua*
- *Equilibrada*
- *Suficiente*
- *Variada*
- *Adecuada*

El aporte energético diario de nutrimentos debe ser aproximadamente:

- *Hidratos de carbono: 55 a 65%*
- *Proteínas: 10 a 15%*
- *Lípidos: 25 a 30%*

- *Suficiente.* Que la cantidad de alimentos que se consuma sea la indicada para cubrir las necesidades energéticas del organismo, con el fin de lograr en los niños el crecimiento y desarrollo correctos, y en el adulto un peso saludable y una nutrición correcta.
- *Variada.* Que incluya distintos alimentos de cada grupo en cada tiempo de la comida durante todo el día.
- *Adecuada.* Que tenga características de acuerdo con los gustos y costumbres de cada persona.
- *Inocua.* Que no implique riesgos para la salud.

Plato del Bien Comer

El Plato del Bien Comer es un concepto creado para facilitar la selección y consumo de alimentos para cubrir los requerimientos nutrimentales de los mexicanos de acuerdo con sus características y costumbres. Fue diseñado por la Secretaría de Salud enmarcado dentro de la norma mexicana *NOM-043-SSA2-2005. Servicios básicos de salud. Promoción y educación para la salud en materia alimentaria. Criterios para brindar orientación.* En él se explica de forma muy sencilla la clasificación de los alimentos, mediante la cual se ayuda a conformar una dieta correcta. Es una guía práctica que ejemplifica la combinación y variación de los alimentos y su intercambio, en proporciones y combinaciones adecuadas.

Se deben incluir los tres grupos de alimentos en las tres comidas diarias:
- *Verduras y frutas*
- *Cereales*
- *Leguminosas y alimentos de origen animal*

http://www.promocion.salud.gob.mx/dgps/descargas1/programas/6_1_plato_bien_comer.pdf

Diariamente es necesario incluir los tres grupos de alimentos del Plato del Bien Comer en cada una de las tres comidas principales del día. Asimismo, es recomendable en cualquier caso:

- Limitar el consumo de grasa total y grasas saturadas.
- Limitar el consumo de azúcares simples y aumentar el consumo de hidratos de carbono complejos.
- Tener como objetivo lograr un peso normal.
- Aumentar el consumo de fibra.

A continuación, un listado de algunos de los elementos que constituyen cada grupo de alimentos del Plato del Bien Comer:

- Verduras y frutas

Verduras: acelga, betabel, brócoli, calabaza, chayote, chícharo, chile poblano, coliflor, espinaca, flor de calabaza, hongos diversos, jitomate, lechugas diversas, nopal, pepino, quelites diversos, tomate, verdolaga, zanahoria.

Frutas: chabacano, chicozapote, ciruela, fresa, guayaba, melón, pera, mamey, mango, manzana, naranja, lima, mandarina, papaya, plátano, toronja, uva, zapote.

- Cereales y tubérculos

Cereales: amaranto, arroz avena, cebada, centeno, maíz y trigo. Productos derivados de los anteriores, como cereales industrializados, galletas, panes elaborados con harina refinada o integrales, pastas, tortillas y productos de nixtamal.

Tubérculos: camote, papa y yuca.

- Leguminosas y alimentos de origen animal

Leguminosas: alubia, chícharo, frijol, garbanzo, haba, lenteja y soya.

Alimentos de origen animal: carnes rojas, carnes blancas, pescados y mariscos. Productos derivados de los anteriores, como embutidos, huevo, leche, queso y yogur.

La tabla que sigue presenta algunos ejemplos de alimentos que se pueden integrar de forma distinta cada día para cubrir los nutrimentos necesarios:

EJEMPLOS DE ALIMENTOS	
Frutas y verduras	• Frutas de estación. • Frutas frescas con cáscara. • Jugos naturales sin azúcar adicionada. • Verduras como guarniciones, tanto crudas como cocidas, o asadas a la plancha.
Cereales	• Pan integral. • Tortilla de maíz. • Cereales bajos en azúcar. • Cereales altos en fibra que contengan salvado. • Galletas integrales. • Bolillo integral.
Lácteos	• Leche descremada y semidescremada. • Yogur bajo en grasa y azúcares. • Quesos frescos, como requesón, panela, canasto y similares. • Jocoque seco.
Alimentos de origen animal	• Huevo. • Embutidos con bajo contenido graso, como pechuga de pavo o jamón bajo en grasa. • Pechuga, muslo y pierna de pollo sin grasa ni piel. • Cortes magros de res, como bistec o falda. • Atún, salmón o sardina.
Leguminosas	• Frijoles. • Garbanzo. • Alubias. • Lentejas. • Edamames (vainas de soya inmaduras).

Vale la pena subrayar que una alimentación sana y correcta es el resultado de hábitos alimentarios saludables, los cuales se van conformando y adaptando de acuerdo con tres elementos: las características sociales y culturales de la población, las preferencias de cada familia y las preferencias de cada individuo.

Importancia del consumo de bebidas

El organismo está compuesto principalmente por agua al constituir entre 55 y 70% del peso corporal total. No obstante, la pérdida de líquidos en el organismo es un proceso continuo; por ejemplo, en la sudoración, mecanismo necesario para regular la temperatura corporal. Cuando los líquidos no se reponen en el organismo a tiempo pueden suceder variados trastornos, como una pérdida relativamente rápida del rendimiento físico o efectos nocivos en la salud, como deficiencias en el transporte de nutrimentos y oxígeno hacia las células. Por ello, es fundamental suplir la pérdida de agua manteniendo un ritmo de consumo de bebidas adecuado a lo largo del día y elegirlas correctamente en las cantidades y tiempos adecuados. Un aproximado de 10 a 12 vasos de agua es lo que debe consumir una persona adulta cuya actividad diaria no implica actividad física intensa.

A continuación, las recomendaciones de bebidas para la población mexicana.

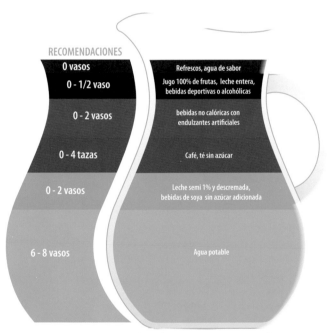

http://www.semar.gob.mx/redes/JARRA%20BUEN%20BEBER-2017.jpg

Agua potable

Se recomienda un consumo de 6 a 8 vasos al día; es decir, entre 750 ml y 2 ℓ. Este líquido, que no aporta kilocalorías, es la elección más saludable al ser fundamental en el metabolismo y las funciones fisiológicas del individuo.

Leche de vaca semidescremada y descremada y bebidas de soya sin azúcar adicionada

La leche semidescremada tiene un bajo contenido graso; de ella se debe consumir un máximo de 2 vasos al día. Esta bebida constituye la principal fuente de calcio y vitamina D en los niños, además de aportar proteína de alta calidad. Una alternativa a la leche de vaca son las bebidas de soya o almendras sin azúcar, de las cuales se recomienda un consumo máximo de 500 ml por día.

Café y té sin azúcar

Por la asociación que estas bebidas tienen con malestares estomacales y gastritis, es importante no consumir de ellas más de 4 tazas por día (1 ℓ). El té, además de cumplir con hidratar el cuerpo, contiene una variedad de antioxidantes, mientras que el café es utilizado por la población deportiva como ayuda ergogénica; es decir, ayuda a mejorar la capacidad innata del deportista para la generación de trabajo físico.

Bebidas no calóricas con edulcorantes artificiales

Este tipo de bebidas no son la mejor opción, pues pueden provocar acidez o malestar estomacal. No aportan kilocalorías, pero pueden aportar nutrimentos. Se recomienda un consumo máximo de 2 vasos al día (500 ml).

Jugo 100% de frutas, leche entera, bebidas deportivas y bebidas alcohólicas

Se recomienda consumir fruta entera en vez de jugos, ya que estos últimos contienen un alto valor energético. Se debe limitar su consumo y no sobrepasar ½ vaso al día.

En el caso de la leche entera no se recomienda consumirla por contener grasa saturada. Pero si se desea consumir, que sea el equivalente como máximo a un 30% de la energía obtenida a partir de lípidos, limitando la cantidad de grasas saturadas a menos de 7% de las calorías totales. No obstante, es mejor sustituir siempre que sea posible la leche entera por leche semidescremada o descremada, limitando su ingestión en niños mayores de 2 años a ½ vaso al día como máximo.

Salvo en atletas de alto rendimiento, las bebidas deportivas deben consumirse de manera eventual, ya que contienen un aporte elevado de azúcar y energía. Estas bebidas no son recomendadas para la población general, sino sólo para atletas de alto rendimiento.

El consumo de bebidas alcohólicas es causal en más de 200 enfermedades y trastornos. Está asociado a un riesgo de desarrollar problemas de salud, incluyendo el alcoholismo, y aumenta el riesgo de padecer cirrosis hepática. En deportistas el consumo de alcohol afecta la utilización de aminoácidos y glucosa en el músculo, disminuyendo de esa manera el rendimiento físico. El contenido energético de estas bebidas varía de acuerdo con su composición: 1 lata de cerveza (356 ml) aporta 156 kcal; 100 ml de ron, 231 kcal; 100 ml de whiskey, 231 kcal, y 180 ml de vino tinto, 153 kcal.

Refrescos o aguas de sabor

Estas bebidas incluyen los refrescos carbonatados y no carbonatados, así como otras bebidas con alto contenido de azúcares. Tienen un alto valor calórico y no aportan beneficios nutrimentales. Su consumo está asociado a caries dentales y a ganancia de peso. La recomendación es no consumirlas o hacerlo de manera muy esporádica.

Importancia de la actividad física

Desde antaño se conoce la contribución de la actividad física (AF) para una buena salud y calidad de vida. Platón decía que una falta de actividad destruye la buena condición de cada ser humano, mientras que el movimiento y el ejercicio metódico ayudan a preservarlo. En términos generales, la AF puede definirse como cualquier movimiento corporal producido por contracción muscular que exige un gasto de energía.

Por otro lado, la Organización Mundial de la Salud (OMS) indica que la inactividad física es uno de los principales factores de riesgo de mortalidad en todo el mundo. Una persona sedentaria es aquella que no realiza AF más de tres días por semana ni más de 30 minutos por día. Los comportamientos derivados de esta inactividad influyen en la prevalencia de las enfermedades no trasmisibles, como diabetes mellitus tipo 2 y las cardiovasculares, así como en factores de riesgo, como hipertensión y sobrepeso.

La actividad física se puede clasificar de acuerdo con su:
- *Planeación: estructurada y no estructurada*
- *Intensidad: moderada e intensa*
- *Energía empleada: aeróbica y anaeróbica*

En la actualidad, aproximadamente 60% de la población mundial no realiza algún tipo de AF con la finalidad de obtener beneficios para la salud, y en países desarrollados, 50% de la población que realiza AF de manera habitual es insuficiente. También de acuerdo con la OMS, 22.7% de adolescentes entre 15 y 18 años son inactivos (menos de 30 minutos de ejercicio al día), 18.3% son moderadamente activos (entre 30 y 60 minutos de ejercicio diarios) y 59% son activos (60 minutos o más de ejercicio diarios).

En México, la Encuesta Nacional de Salud y Nutrición 2016 señala que solamente 17.2% de los niños y adolescentes de entre 10 y 14 años refieren haber realizado al menos 60 minutos de AF al día. En adolescentes, la

realización de AF, estipulada en 420 minutos semanales de actividad moderada a vigorosa, aumentó de 2012 a 2016 de 56.7 a 70.5%. Mientras que en adultos, 14.4% no realiza la cantidad de AF recomendada por la OMS, que es de 150 minutos semanales de actividad moderada a vigorosa.

Clasificación de las actividades físicas
Por su grado de planeación

De acuerdo con la planeación o no de las AF, se clasifican en dos:

- *Actividad física no estructurada*: comprende actividades cotidianas, como caminar, subir escaleras, labores domésticas, tareas laborales, actividades recreativas y similares. Esta actividad no es sinónimo de ejercicio físico o deporte.
- *Actividad física estructurada*: también conocida como ejercicio físico o deporte, es la planeación de actividades realizadas con el fin de mejorar la condición física. Implica entrenamiento físico y puede tener un componente competitivo o ser parte de un juego organizado dentro de un contexto de reglas formales con conductas y procedimientos establecidos. La intensidad de esta AF se expresa en términos relativos de la capacidad funcional de cada persona (nivel de esfuerzo), lo cual significa que si la persona logra establecer una constancia y disciplina habitual, puede también incrementar la intensidad de ligera, a moderada o intensa. Si se realiza de manera metódica y constante, propicia una mejor calidad de vida al disminuir la presión sanguínea, lograr un adecuado control de peso y reducir el riesgo de enfermedades, como hipertensión, cáncer de colon, cáncer de mama, accidentes cerebrovasculares y cardiopatías coronarias.

Ejemplos de AF estructurada y no estructurada.

Por su intensidad

Una de las maneras de medir la intensidad de alguna actividad física es a través del nivel MET (*Metabolic Equivalent of Task*). Éste se basa en la cantidad de oxígeno que el organismo consume en reposo; por ejemplo, al estar sentado, es de 3.5 ml de oxígeno por kilogramo cada minuto. Con los valores anteriores, que han sido establecidos como referencia, si la actividad física aumenta al doble significa que el MET será de 2. Si alguien realiza una AF durante 60 minutos con una actividad de 4 MET, significa que ha utilizado 240 MET.

Saber la intensidad con la que se realizan las AF permite conocer cuánto se esfuerza una persona en su realización. A continuación, ejemplos de 2 tipos de AF de acuerdo con sus MET.

- *Actividades físicas moderadas*: entre 3 y 6 MET, implican un esfuerzo moderado y un ligero aumento del ritmo cardiaco. Entre ellas están bailar, realizar tareas domésticas, caminar a paso rápido y ejercitarse de manera moderada en bicicleta fija.

- *Actividades físicas intensas*: con un MET mayor a 6, comprenden un gran esfuerzo y un aumento en la frecuencia respiratoria y cardiaca. Algunas de ellas son subir escaleras a paso rápido, realizar deportes competitivos, practicar carrera, salto de cuerda o natación rápida.

Por el tipo de energía que en ellas se emplea

Otra clasificación de las AF es con base en la fuente de energía que en ellas se utiliza, ya sea aeróbica o anaeróbica. Es principalmente en los deportes donde se observa esta clasificación.

- *Actividad física aeróbica*: está relacionada con el consumo de oxígeno o su mejora por el organismo. Caminar de manera intensa, correr largas distancias o practicar ciclismo de ruta son algunos ejemplos. Realizar de manera cotidiana este tipo de ejercicios, en conjunto con una dieta correcta, puede promover la reducción de peso, fatiga, estrés, ansiedad y del rimo cardiaco en reposo, así como mejorar o fortalecer el corazón, la respiración y el sistema inmunológico.

- *Actividad física anaeróbica*: aumenta la fuerza muscular y la masa muscular mediante la resistencia a la contracción del músculo. Ejemplos de este tipo de ejercicio son levantamiento de pesas, ejercicio con peso que utiliza la gravedad para su ejecución y diferentes tipos de entrenamientos de resistencia anaeróbica, como pruebas de 400 metros o de 800 metros. Realizar de manera dirigida este tipo de ejercicios puede promover el bienestar aumentando la fuerza del músculo, tendones y ligamentos. En esta actividad el ejercicio tiene una duración de 20 a 45 segundos con una intensidad de 90%, y se utiliza como fuente de energía el glucógeno. Existe acumulación de ácido láctico.
- *Actividad física anaeróbica-aláctica*: en ella se desempeña un esfuerzo muy intenso y explosivo, con una intensidad de 100% pero de corta duración: menos de 20 segundos. No hay acumulación de ácido láctico ni presencia de oxígeno.

FUENTE DE ENERGÍA	CARACTERÍSTICAS Y TIPOS DE AF (DEPORTE)
Aeróbica	*Características*: ejercicios de larga duración e intensidad de ligera a moderada. El aporte de oxígeno es fundamental para la obtención de energía.
	Deportes: Carrera de 10 km, medio maratón y maratón.
Anaeróbica-aláctica	*Características*: ejercicios de muy corta duración y de muy alta intensidad. El aporte energético proviene del ATP y la fosfocreatina (PC).
	Deportes: prueba de 100 metros planos.
Anaeróbica-láctica	*Características*: ejercicios de corta duración y de alta intensidad.
	Deportes: carrera de 400 metros planos.
Aeróbica-anaeróbica	*Características*: deportes en los cuales se utilizan dos sistemas de energía combinadas conforme se desarrolla su ejecución: el sistema anaeróbico y el aeróbico.
	Deportes: ejercicios mixtos, como basquetbol, volibol y similares.

La OMS recomienda que los adultos de entre 18 y 64 años de edad realicen 150 minutos a la semana una actividad física aeróbica de intensidad moderada, o 75 minutos si es vigorosa o muy intensa. Para un mayor beneficio, se recomienda el doble de tiempo para cada una. Además, es deseable que se realicen ejercicios de fortalecimiento muscular por lo menos dos veces por semana.

Alimentación del deportista

La alimentación de todo deportista debe ser personalizada con una puesta en práctica de una dieta (del griego díaita, Διαιτα, o "forma de vida"); es decir, una alimentación que sea completa, equilibrada, suficiente, variada, adecuada e inocua para cubrir sus necesidades nutrimentales. Su práctica correcta le asegura obtener la energía necesaria para poder realizar el ejercicio diariamente y mantener un adecuado funcionamiento del organismo.

La dieta que debe practicar el deportista debe ser una que satisfaga los requerimientos de energía y de nutrimentos de acuerdo con la edad, sexo, estatura, composición corporal, tipo de ejercicio que practique, intensidad y duración de este último, así como con el resto de actividades que realice durante el día. Por ejemplo, en días en los cuales el entrenamiento sea intenso y de larga duración, el requerimiento energético será más elevado en comparación con los días inactivos.

El porcentaje de consumo de cada uno de los nutrimentos dependerá del tipo de dieta que requiera el deportista. A manera de ejemplo, en la siguiente tabla se observa el requerimiento energético diario en kilocalorías (kcal) que la población general requiere según su edad, sexo e intensidad de actividad física.

MUJERES			
Edad (años)	Actividad ligera (kcal/día)	Actividad moderada (kcal/día)	Actividad intensa (kcal/día)
14 a 15	2 075	2 450	2 825
15 a 16	2 125	2 500	2 875
16 a 17	2 125	2 500	2 875
17 a 18	2 125	2 500	2 875
18 a 29.9	1 650 a 2 550	1 850 a 3 050	2 200 a 3 600
30 a 59.9	1 750 a 2 250	1 950 a 2 700	2 300 a 3 150
≥60	1 550 a 2 050	1 700 a 2 500	2 050 a 2 950
HOMBRES			
Edad (años)	Actividad ligera (kcal/día)	Actividad moderada (kcal/día)	Actividad intensa (kcal/día)
14 a 15	2 550	3 000	3 450
15 a 16	2 700	3 175	3 650
16 a 17	2 825	3 325	3 825
17 a 18	2 900	3 400	3 925
18 a 29.9	2 100 a 2 950	2 300 a 3 600	2 750 a 4 200
30 a 59.9	2 100 a 2 750	2 300 a 3 350	2 750 a 3 900
≥60	1 700 a 2 400	1 900 a 2 850	2 250 a 3 350

Es importante conocer qué necesita cada deportista. El tipo de ejercicio que desempeña y las horas que lo practica son algunas variables que se deben considerar para determinar el aporte calórico que requiere, así como la proporción de nutrimentos que necesita. A través de un programa de alimentación diseñado de manera individual por un nutriólogo deportivo, se pueden cubrir las demandas que requiere para obtener un buen rendimiento físico.

Para poder determinar un plan de alimentación específico para el deportista, es necesario determinar de inicio su composición corporal, cuál es su porcentaje de grasa y músculo y cuáles son los valores que debe tener para desempeñar una función deportiva en óptimas condiciones.

La dieta diaria, que debe incluir todos los grupos de alimentos y estar basada en las necesidades energéticas del deportista, debe incluir diariamente:

- Colación 1 (previa al entrenamiento)
- Desayuno
- Colación 2
- Comida
- Colación 3
- Cena

El aporte energético diario debe estar constituido por 55 a 65% de hidratos de carbono, entre 25 y 30% por lípidos o grasas (considerando hasta 10% del consumo en grasas de origen animal) y entre 10 y 15% de proteínas.

Importancia de las proteínas para el deportista

Se ha dicho que las proteínas deben constituir alrededor de 10 a 15% del aporte energético diario. Pero, cuando se practica de

forma disciplinada un entrenamiento físico, es necesario calcular nuevamente el requerimiento de proteína que se debe consumir por día. Asimismo, es necesario determinar qué tipo de proteínas se deben ingerir de acuerdo con su valor nutrimental, su calidad y su biodisponibilidad (capacidad del organismo para incorporar los aminoácidos a las estructuras corporales sin que se vea afectada por una absorción incompleta o una digestión deficiente). Como se puntualizó antes, las proteínas de origen animal son de mejor calidad y tienen mayor biodisponibilidad que las proteínas de origen vegetal.

A continuación, unas tablas comparativas de los requerimientos de proteínas de una persona sedentaria, de una físicamente activa, y de deportistas con objetivos diferentes:

REQUERIMIENTO DE PROTEÍNAS SEGÚN LA ACTIVIDAD FÍSICA	
Tipo de persona	Requerimiento de proteína
Persona sedentaria	0.8 g por kg de peso
Persona físicamente activa	1 a 1.4 g por kg de peso
Deportista en mantenimiento	1.2 a 1.4 g por kg de peso
Deportista en entrenamiento de resistencia	1.2 a 1.4 g por kg de peso
Deportista en entrenamiento de fuerza	1.6 a 1.8 g por kg de peso
Deportista en ganancia de masa muscular	1.7 a 1.8 g por kg de peso + ingestión calórica positiva (400 a 500 kcal diarias para ganar 0.5 kg de músculo cada semana)

A pesar de que cada deporte demanda diferentes contenidos nutrimentales, para practicar los que son de fuerza explosiva, como levantamiento de pesas, boxeo, artes marciales, entre otros, es necesario un consumo mayor de proteínas: entre 1.8 y 2.0 g diarios por kg de peso.

Importancia de los hidratos de carbono para el deportista

Los hidratos de carbono proveen energía de forma inmediata y constituyen la principal fuente de energía para el músculo, junto con los lípidos, al momento de realizar el ejercicio. Se almacenan en forma de glucógeno en los músculos y en el hígado. El glucógeno muscular se utiliza como combustible de los procesos de contracción muscular, mientras que la glucosa del glucógeno hepático primero tiene que ser transportada por la sangre para después ser absorbida por el músculo antes de que pueda llevarse a cabo el proceso de oxidación; es decir, la glucosa produce dióxido de carbono, agua y algunos compuestos que contienen nitrógeno, que durante este proceso proporciona energía que puede ser utilizada por las células del cuerpo.

Es de gran importancia considerar las reservas de hidratos de carbono del cuerpo como fuente de combustible para el músculo y el cerebro durante la realización del ejercicio. En varios deportes, los bajos niveles de reserva energética de hidratos de carbono contribuyen a la fatiga debido a los bajos niveles de glucemia; es decir, la medida de concentración de glucosa en la sangre, cuyo valor normal debe ser mayor a 100 mg/dl.

A pesar de que cada deporte demanda diferentes contenidos nutrimentales, los ejercicios aeróbicos deben cubrirse con un porcentaje más elevado de hidratos de carbono que los ejercicios anaeróbicos.

Importancia de los lípidos para el deportista

Los lípidos constituyen un elemento importante en la dieta del deportista por ser una fuente de energía. Junto con los hidratos de carbono son el combustible principal que se utiliza al realizar ejercicio. Su utilidad depende de la duración e intensidad del ejercicio, además del tipo de alimentos consumidos antes y durante el entrenamiento deportivo. Los depósitos de grasas podrían proveer energía por días, mientras que los depósitos de glucógeno pueden disminuir dentro de los primeros 60 a 90 minutos de ejercicio. Sin embargo, aunque los depósitos de

grasas son relativamente grandes, la capacidad para utilizar estos ácidos grasos es limitada. Se debe considerar que en muchos casos los hidratos de carbono son el sustrato preferente.

Hidratación y rendimiento físico

La importancia de una correcta hidratación antes, durante y después del ejercicio, es fundamental. Antes del ejercicio es necesario cerciorarse que la hidratación sea la adecuada para poder tener el rendimiento esperado durante la actividad. Durante el ejercicio, si se presenta deshidratación, menor será el rendimiento aeróbico, cognitivo y mental, y mayor la tensión fisiológica. Después del ejercicio, es necesaria la rehidratación para reponer la pérdida de volumen de líquido y otros componentes necesarios para diversas funciones del organismo.

El agua no es el único fluido con el que se puede cumplir la función de hidratar el organismo. Existen fluidos, como las bebidas deportivas, que contengan menos de 8% de hidratos de carbono y que pueden utilizarse cuando la duración del ejercicio es mayor a 1 hora o es de gran intensidad. A pesar de ello, las bebidas energéticas, los jugos o aguas de frutas con alto contenido de azúcar y los refrescos no son recomendables para consumirlos durante el entrenamiento deportivo, ya que su periodo de absorción es más lento, lo cual evita una rápida rehidratación y se genera entonces una sensación de malestar.

La temperatura de consumo del fluido influye en la cantidad que se debe ingerir. Se recomienda que siempre sea entre 10 y 21 °C, tanto antes, durante o después del entrenamiento deportivo.

Es importante que el deportista sepa reconocer los síntomas propios de la deshidratación, así como establecer las estrategias para prevenirla con la finalidad de aprovechar sus entrenamientos, maximizar su rendimiento físico y evitar complicaciones por falta de una buena hidratación. El estado de hidratación puede ser detectado por el mismo deportista mediante un automonitoreo de los cambios de hidratación día a día del antes y después del ejercicio. Para ello, se deben medir y evaluar tres de los indicadores de hidratación más sencillos: la diferencia porcentual del peso corporal antes y después de ejercicio, el color y concentración de la orina después del ejercicio y la sensación de sed, también después del ejercicio. Los parámetros que indicarían deshidratación son: del primero, una pérdida porcentual igual o mayor a 2%; del segundo, el color de la orina amarillo intenso y su concentración escasa, y del tercero, una sensación de sed apremiante y poco tolerable. Una deshidratación probable estaría indicada por la presencia de dos factores, y una deshidratación muy probable estaría indicada por la presencia de tres de ellos.

Perder durante el ejercicio un peso de 2% o más puede comprometer la actividad física.

Hidratación previa al ejercicio

El deportista siempre debe empezar su entrenamiento físico bien hidratado. En el transcurso de las 2 horas previas a iniciarlo, debe tomar entre 3 ml y 5 ml por kg de peso. Por ejemplo, una persona de 65 kg deberá ingerir entre 195 y 325 ml de agua.

Hidratación durante el ejercicio

Existen varias razones por las cuales un deportista puede fatigarse al realizar ejercicio; entre las más comunes están la deshidratación, la disminución del glucógeno en el músculo o poca glucosa circulante en el organismo que causa una disminución de la glucosa en el hígado.

Durante el ejercicio se genera calor en cantidades variables de acuerdo con el tipo de actividad. Ante el aumento de calor, el cuerpo, para mantener su temperatura estable, responde disipándolo mediante la evaporación de líquido, la cual es responsable de 80% de la pérdida total de calor. A mayor calor generado, mayor es la pérdida de agua, que si no se repone oportunamente, provoca una disminución del volumen sanguíneo, limitando la capacidad del sistema circulatorio de llevar oxígeno y nutrimentos y de remover del cuerpo productos metabólicos, como el ácido láctico. Estas consecuencias limitan el rendimiento físico del deportista.

Además, la deshidratación causa una pérdida de electrolitos (minerales presentes en la sangre y otros fluidos del cuerpo que llevan una carga eléctrica), principalmente de cloro y sodio por ser los más abundantes en el sudor. Ambas sustancias son necesarias para realizar varias funciones metabólicas, como la contracción muscular, la transmisión nerviosa y la secreción hormonal. Por ello, es indispensable mantener en el organismo las concentraciones normales de cloro y sodio para no comprometer varias funciones del organismo.

La cantidad de fluido que el deportista debe consumir dependerá de la duración e intensidad del ejercicio, del tipo de vestimenta, del clima, así como de la cantidad de sudoración. Si no se sabe el consumo adecuado de líquido es pertinente realizar pruebas de campo previas para determinar la cantidad adecuada. Por ejemplo, un gran volumen de líquido puede provocar incomodidad al deportista durante su práctica.

El Colegio Americano de Medicina del Deporte indica que el deportista debe hidratarse constantemente para no comprometer el ejercicio o disminuir el rendimiento físico, cerciorándose de que nunca pierda un peso mayor o igual a 2%. Durante el ejercicio, si la deshidratación llega a ser de 4% el deportista puede presentar calambres y agotamiento por el calor; si aumenta a 6%, puede interrumpirse la sudoración, suceder un aumento en la temperatura corporal y surgir un golpe de calor, que se identifica por un incremento de la temperatura corporal central por encima de 40 °C y alteraciones del sistema nervioso central.

Hidratación posterior al ejercicio

La hidratación posterior al entrenamiento debe ayudar a recuperar los fluidos perdidos durante el ejercicio en el transcurso de las 2 horas posteriores a la práctica. Si el ejercicio tuvo una duración mayor a 1 hora, la rehidratación puede obtenerse mediante una bebida que contenga agua para restaurar la hidratación, hidratos de carbono para reponer las reservas de glucógeno, y electrolitos para acelerar la rehidratación. Consumir bebidas con sodio y/o colaciones con sodio pueden ayudar a estimular la sed y a la retención de líquido necesario.

RECETAS

JUGOS, LICUADOS Y SMOOTHIES

Jugo verde	34
Licuado de yogur y kiwi	34
Licuado de fresa y leche de soya	36
Licuado de plátano y avena	36
Licuado de mamey	38
Smoothie de plátano y chía	38
Smoothie de fresa con yogur griego	40
Smoothie de manzana	40
Smoothie de mango y agua de coco	42
Frappé de café	42

Jugo verde

Después de elaborar este jugo, consúmalo lo más pronto que pueda para evitar que pierda nutrimentos.

Ingredientes para 1 porción

- 1 rama de apio
- ½ taza de hojas de espinaca
- 1 taza de cubos de piña
- 1 cucharada de miel de abeja
- 1½ tazas de agua

Procedimiento

1. Trocee la rama de apio y lícuela con el resto de los ingredientes hasta obtener una consistencia homogénea.
2. Sirva y consuma de inmediato.

INFORMACIÓN NUTRIMENTAL POR PORCIÓN (500 ml)	
Contenido energético	172 kcal
Proteínas	3 g
Lípidos	1 g
Colesterol	0 mg
Hidratos de carbono	38 g
Fibra dietética	4 g
Calcio	57 mg
Sodio	214 mg
Hierro	5 mg

Licuado de yogur y kiwi

El yogur es un alimento perecedero que debe conservarse en refrigeración; es decir, a una temperatura inferior o igual a 4 °C.

Ingredientes para 1 porción

- 2 kiwis
- ½ taza de yogur natural sin azúcar
- ½ taza de leche descremada
- ½ cucharada de linaza molida
- 1 cucharada de pasas

Procedimiento

1. Pele los kiwis y trocéelos. Lícuelos con el resto de los ingredientes hasta obtener una mezcla tersa y homogénea.
2. Sirva y consuma de inmediato.

INFORMACIÓN NUTRIMENTAL POR PORCIÓN (350 ml)	
Contenido energético	259 kcal
Proteínas	7 g
Lípidos	6 g
Colesterol	15 mg
Hidratos de carbono	45 g
Fibra dietética	4 g
Calcio	295 mg
Sodio	87 mg
Hierro	2 mg

Licuado de fresa y leche de soya

Para esta receta puede emplear indistintamente fresas naturales o congeladas.

Ingredientes para 1 porción

- 1 taza de leche de soya
- 1 taza de fresas
- 1 cucharadita de extracto de vainilla
- 1 cucharada de jarabe de maple
- canela en polvo, al gusto

Procedimiento

1. Licue todos los ingredientes hasta obtener una mezcla tersa y homogénea.
2. Sirva y consuma de inmediato.

INFORMACIÓN NUTRIMENTAL POR PORCIÓN (400 ml)	
Contenido energético	171 kcal
Proteínas	8 g
Lípidos	4 g
Colesterol	0 mg
Hidratos de carbono	26 g
Fibra dietética	3 g
Calcio	335 mg
Sodio	92 mg
Hierro	2 mg

Licuado de plátano y avena

Para este licuado cerciórese de emplear avena natural sin azúcar ni otros ingredientes añadidos.

Ingredientes para 1 porción

- 1 taza de leche de soya
- 2 cucharadas de avena
- 1 plátano Tabasco maduro
- 1 cucharadita de jarabe de maple
- 1 cucharadita de canela en polvo
- 1 cucharadita de extracto de vainilla

Procedimiento

1. Mezcle en un tazón la leche con la avena y déjela reposar durante 15 minutos.
2. Licue la mezcla de leche y avena con el resto de los ingredientes hasta obtener una mezcla tersa y homogénea.
3. Sirva y consuma de inmediato.

INFORMACIÓN NUTRIMENTAL POR PORCIÓN (400 ml)	
Contenido energético	261 kcal
Proteínas	11 g
Lípidos	6 g
Colesterol	0 mg
Hidratos de carbono	41 g
Fibra dietética	4 g
Calcio	342 mg
Sodio	92 mg
Hierro	3 mg

Licuado de mamey

La diferencia entre la leche descremada y la entera es que a la primera se le ha extraído gran parte de la grasa, aportando menos calorías. No obstante, ambas contienen iguales cantidades de proteína, calcio y carbohidratos en forma de lactosa.

Ingredientes para 1 porción

- 1 taza de leche descremada
- 1 taza de pulpa de mamey
- 1 cucharadita de extracto de vainilla
- 1 cucharadita de jarabe de agave
- canela en polvo, al gusto

Procedimiento

1. Licue todos los ingredientes hasta obtener una mezcla tersa y homogénea.
2. Sirva y consuma de inmediato.

INFORMACIÓN NUTRIMENTAL POR PORCIÓN (400 ml)	
Contenido energético	205 kcal
Proteínas	10 g
Lípidos	1 g
Colesterol	5 mg
Hidratos de carbono	39 g
Fibra dietética	6 g
Calcio	348 mg
Sodio	101 mg
Hierro	3 mg

Smoothie de plátano y chía

Si quiere reducir el tiempo de preparación, deje reposar la chía en la leche de almendras desde la noche anterior, en refrigeración.

Ingredientes para 1 porción

- 1 cucharada de chía
- 1 taza de leche de almendras
- 1 plátano Tabasco maduro, troceado
- ½ taza de cubos de hielo
- 1 cucharada de miel de abeja
- canela en polvo, al gusto

Procedimiento

1. Mezcle en un tazón la chía con ¼ de taza de leche de almendra y déjela reposar durante 15 minutos.
2. Licue el plátano con los cubos de hielo, la miel de abeja y la canela hasta obtener una mezcla espesa, tersa y homogénea.
3. Incorpore al licuado la leche de almendra restante y la chía remojada. Sirva de inmediato.

INFORMACIÓN NUTRIMENTAL POR PORCIÓN (500 ml)	
Contenido energético	283 kcal
Proteínas	3 g
Lípidos	4 g
Colesterol	0 mg
Hidratos de carbono	59 g
Fibra dietética	3 g
Calcio	471 mg
Sodio	155 mg
Hierro	3 mg

Smoothie de fresa
con yogur griego

Lave y desinfecte las fresas con todo y rabo, y después retírelo. Esto evitará que cuando corte el rabo con el cuchillo, la pulpa se contamine con posibles microorganismos.

Ingredientes para 1 porción

- 1 taza de fresas naturales, troceadas
- 1 taza de yogur griego natural sin azúcar
- ½ taza de cubos de hielo
- 1 cucharada de jarabe de agave
- 1 cucharada de avena
- 1 cucharadita de linaza molida

Procedimiento

1. Licue todos los ingredientes hasta obtener una mezcla espesa, tersa y homogénea.
2. Sirva y consuma de inmediato.

INFORMACIÓN NUTRIMENTAL POR PORCIÓN (500 ml)	
Contenido energético	171 kcal
Proteínas	8 g
Lípidos	4 g
Colesterol	0 mg
Hidratos de carbono	26 g
Fibra dietética	3 g
Calcio	335 mg
Sodio	92 mg
Hierro	2 mg

Smoothie de manzana

Ingredientes para 1 porción

- 1 manzana
- 1 taza de leche descremada
- ½ taza de cubos de hielo
- 1 cucharada de miel de abeja o edulcorante sin calorías
- 1 cucharada de amaranto canela en polvo, al gusto

Procedimiento

1. Descorazone la manzana y córtela en cubos con todo y cáscara.
2. Licue los cubos de manzana con el resto de los ingredientes hasta obtener una mezcla espesa, tersa y homogénea.
3. Sirva y consuma de inmediato.

INFORMACIÓN NUTRIMENTAL POR PORCIÓN (500 ml)	
Contenido energético	255 kcal
Proteínas	10 g
Lípidos	1 g
Colesterol	5 mg
Hidratos de carbono	52 g
Fibra dietética	3 g
Calcio	307 mg
Sodio	104 mg
Hierro	1 mg

Smoothie de mango
y agua de coco

Ingredientes para 1 porción

la pulpa de 1 mango cortada en cubos

1½ tazas de agua de coco

½ taza de cubos de hielo

1 cucharada de jarabe de agave o edulcorante sin calorías

1 cucharada de chía

canela en polvo, al gusto

Procedimiento

1. Licue los cubos de mango con el resto de los ingredientes hasta obtener una mezcla espesa, tersa y homogénea.
2. Sirva y consuma de inmediato.

INFORMACIÓN NUTRIMENTAL POR PORCIÓN (600 ml)	
Contenido energético	246 kcal
Proteínas	4 g
Lípidos	2 g
Colesterol	0 mg
Hidratos de carbono	53 g
Fibra dietética	7 g
Calcio	107 mg
Sodio	384 mg
Hierro	2 mg

Frappé de café

Si es muy sensible a la cafeína pero aún así quiere disfrutar de este frappé, cerciórese que el café exprés sea descafeinado o sustitúyalo por 1 cucharada de café soluble.

Ingredientes para 1 porción

1½ tazas de leche descremada

2 cucharadas de café exprés frío

½ taza de cubos de hielo

1 cucharada de jarabe de agave o edulcorante sin calorías

Procedimiento

1. Licue todos los ingredientes hasta obtener una mezcla espesa, tersa y homogénea.
2. Sirva y consuma de inmediato.

INFORMACIÓN NUTRIMENTAL POR PORCIÓN (500 ml)	
Contenido energético	183 kcal
Proteínas	12 g
Lípidos	0 g
Colesterol	7 mg
Hidratos de carbono	34 g
Fibra dietética	1 g
Calcio	439 mg
Sodio	151 mg
Hierro	0 mg

ENSALADAS Y ADEREZOS

Ensalada de arúgula
y betabel con pepitas de calabaza

Si la arúgula no la adquiere lista para consumir, debe lavarla y desinfectarla;
cerciórese de hacer este paso delicadamente para evitar que se marchite.

Ingredientes para 4 porciones

Aderezo

- 2 cucharadas de aceite de canola
- 2 cucharadas de jarabe de agave
- 1 cucharada de mostaza a la antigua
- sal y pimienta negra recién molida, al gusto

Ensalada

- ¼ de taza de pepitas de calabaza sin sal
- 4 tazas de arúgula
- 1 taza de betabel rallado
- 1 taza de calabacita rallada
- 1 taza de germinados mixtos, por ejemplo, alfalfa, cebolla, betabel, cilantro o brócoli

Procedimiento

Aderezo

1. Mezcle en un tazón pequeño todos los ingredientes con un batidor globo hasta obtener un aderezo homogéneo. Resérvelo.

Ensalada

1. Tueste en un sartén sobre fuego medio-bajo las semillas de calabaza, moviéndolas regularmente, hasta que se doren ligeramente. Transfiéralas a un tazón y déjelas enfriar.
2. Mezcle en una ensaladera la arúgula con las verduras ralladas y la mitad del aderezo.
3. Distribuya la ensalada en platos y espolvoree cada uno las pepitas de calabaza y los germinados. Sirva con el resto del aderezo.

INFORMACIÓN NUTRIMENTAL POR PORCIÓN					
Contenido energético	209 kcal	Colesterol	0 mg	Calcio	49 mg
Proteínas	6 g	Hidratos de carbono	15 g	Sodio	97 mg
Lípidos	14 g	Fibra dietética	2 g	Hierro	4 mg

La arúgula se compone de 92% de agua, característica que la hace ideal para ensaladas.
Prefiera las hojas tiernas por tener un sabor menos fuerte que las grandes.

Ensalada de espinaca,
berros y requesón

Ingredientes para 4 porciones

Aderezo
- 1 cucharada de chile chipotle adobado, picado
- el jugo de 1 limón
- 4 cucharadas de aceite de canola
- sal y pimienta negra recién molida, al gusto

Ensalada
- 2 mandarinas
- 2 tazas de espinaca *baby*
- 1 taza de hojas de berro
- 2 cucharadas de nueces de la India, troceadas
- 1 taza de requesón desmoronado

Procedimiento

Aderezo
1. Mezcle en un tazón pequeño el chile chipotle con el jugo de limón; vierta poco a poco el aceite de canola, batiendo constantemente con un batidor globo, hasta obtener un aderezo homogéneo. Salpiméntelo al gusto y resérvelo.

Ensalada
1. Pele las mandarinas, sepárelas en gajos y retíreles la piel blanca que los cubre.
2. Mezcle en una ensaladera las hojas de espinaca *baby* con las hojas de berro y la mitad del aderezo.
3. Distribuya la ensalada en platos y coloque encima los gajos de mandarina, las nueces de la India troceadas y el requesón. Sirva con el resto del aderezo.

INFORMACIÓN NUTRIMENTAL POR PORCIÓN					
Contenido energético	268 kcal	Colesterol	9 mg	Calcio	101 mg
Proteínas	7 g	Hidratos de carbono	20 g	Sodio	250 mg
Lípidos	18 g	Fibra dietética	4 g	Hierro	3 mg

El berro, también conocido como berro de agua, es una planta de hojas pequeñas de color verde y tallos tiernos. Tiene poco contenido calórico y aporta una gran cantidad de vitamina C, complejo B9, hierro y calcio.

Ensalada de kale
y toronja

El kale es una col que puede consumirse cruda en ensaladas o licuados, o cocida, ya sea salteada, hervida o al vapor. Después de haberlo lavado y desinfectado, retire el tallo de las hojas y deséchelo.

Ingredientes para 4 porciones

Vinagreta
- 10 cebollines
- 5 nueces
- 2 cucharadas de aceite de canola
- 2 cucharadas de vinagre balsámico
  sal y pimienta negra recién molida, al gusto

Ensalada
- 2 toronjas
- 1 cebolla cambray
- ¼ de taza de nueces
- 1 taza de hojas de *kale* troceadas
- 1 taza de bastones de jícama

Procedimiento

Vinagreta
1. Pique los cebollines y las nueces.
2. Mezcle todos los ingredientes en un tazón pequeño y reserve.

Ensalada
1. Pele las toronjas, sepárelas en gajos y retíreles la piel blanca que los cubre.
2. Corte en rodajas la cebolla cambray y pique las nueces.
3. Distribuya en platos las hojas de *kale* y coloque encima los gajos de toronja y los bastones de jícama; espolvoree el cebollín y las nueces picadas. Bañe con la vinagreta y sirva.

INFORMACIÓN NUTRIMENTAL POR PORCIÓN					
Contenido energético	230 kcal	Colesterol	0 mg	Calcio	48 mg
Proteínas	3 g	Hidratos de carbono	14 g	Sodio	70 mg
Lípidos	8 g	Fibra dietética	2 g	Hierro	1 mg

El kale es rico en potasio y en vitaminas A, C y B6.

Ensalada de naranja y quinoa

La quinoa contiene de forma natural saponina, un compuesto que puede ser tóxico si se consume en grandes cantidades. Por ello, siempre que utilice quinoa debe enjuagarla bien, a pesar de que ya fue lavada previamente antes de salir a la venta.

Ingredientes para 4 porciones

Quinoa

- 1 taza de quinoa
- 2 tazas de agua
- ¼ de cebolla
- ½ cucharadita de sal

Aderezo

- la ralladura y el jugo de 1 naranja
- 1 cucharada de jarabe de agave
- ½ cucharadita de sal
- 2 cucharadas de aceite de canola

Ensalada

- ½ taza de semillas de girasol sin sal
- 1 naranja
- 4 tazas de hojas de lechuga romana, troceadas
- 2 tazas de zanahoria rallada

Procedimiento

Quinoa

1. Ponga la quinoa en un colador de malla fina y enjuáguela bien bajo el chorro de agua fría, moviéndola constantemente con una cuchara. Escúrrale el exceso de agua.

2. Coloque sobre fuego alto una olla con la quinoa y el resto de los ingredientes; cuando el agua hierva, tape la olla y baje el fuego. Deje que la quinoa se cueza durante 15 minutos o hasta que absorba toda el agua. Retírela del fuego, deseche la cebolla y deje que se enfríe.

Aderezo

1. Mezcle en un tazón la ralladura y el jugo de naranja con el jarabe de agave y la sal. Vierta poco a poco el aceite de canola batiendo constantemente con un batidor globo, hasta obtener un aderezo homogéneo. Resérvelo.

Ensalada

1. Ponga sobre fuego medio-bajo un sartén con las semillas de girasol; muévalas ocasionalmente hasta que se doren ligeramente. Transfiéralas a un tazón y déjelas enfriar.

2. Pele la naranja, sepárela en gajos y retíreles la piel blanca que los cubre.

3. Mezcle en una ensaladera las hojas de lechuga, la zanahoria rallada y la quinoa con la mitad del aderezo.

4. Distribuya la ensalada en platos y coloque encima los gajos de naranja y las semillas de girasol tostadas. Sirva y acompañe con el aderezo restante.

INFORMACIÓN NUTRIMENTAL POR PORCIÓN					
Contenido energético	232 kcal	Colesterol	0 mg	Calcio	57 mg
Proteínas	5 g	Hidratos de carbono	19 g	Sodio	54 mg
Lípidos	15 g	Fibra dietética	2 g	Hierro	3 mg

Ensalada de pollo con pasta

*Una manera práctica de tener a la mano carnes frescas en el hogar es congelándolas.
Cerciórese de trasladar la carne a refrigeración un día antes de utilizarla.*

Ingredientes para 4 porciones

Pollo
- ¼ de cebolla
- 1 rama de apio troceada
- 1 zanahoria troceada
- 4 tazas de agua
- 2 hojas de laurel
- 5 pimientas gordas
  sal al gusto
- 2 pechugas de pollo de 250 g
  c/u, sin piel

Aderezo
- ½ taza de yogur natural sin
  azúcar
- 2 cucharadas de vinagre
  balsámico
- 1 cucharada de aceite de canola
  sal y pimienta negra recién
  molida, al gusto

Ensalada
- 3 tazas de agua
- 1 pizca de sal
- 200 g de pasta tipo tornillo
- 1 pimiento morrón rojo, sin
  semillas ni venas, picado
- 1 taza de cubos de jícama
- 2 tazas de palmitos rebanados
- 1½ tazas de hojas de lechuga
  sangría troceadas
- 1½ tazas de hojas de lechuga
  romana troceadas

Procedimiento

Pollo

1. Trocee las verduras y colóquelas en una olla sobre el fuego con el agua, las hojas de laurel, las pimientas y sal al gusto; cuando el agua hierva, agregue las pechugas de pollo y déjelas cocer entre 20 y 25 minutos o hasta que al pincharlas sus jugos sean claros y el centro no presente un color rosado.

2. Retire la olla del fuego, escurra las pechugas, déjelas enfriar y córtelas en cubos. Resérvelos con un poco del caldo para evitar que se resequen.

Aderezo

1. Mezcle en un tazón pequeño todos los ingredientes con un batidor globo hasta obtener un aderezo homogéneo. Resérvelo en refrigeración.

Ensalada

1. Coloque sobre el fuego una olla con el agua y la pizca de sal; cuando hierva, agregue la pasta y cuézala durante 8 minutos o hasta que esté al dente. Escúrrala, enfríala bajo el chorro de agua fría y resérvela.

2. Mezcle en una ensaladera la pasta con los cubos de pollo, el pimiento picado, los cubos de jícama, los palmitos rebanados y la mitad del aderezo.

3. Distribuya las hojas de lechugas en los platos y coloque encima la mezcla de pollo y la pasta. Sirva con el aderezo restante.

INFORMACIÓN NUTRIMENTAL POR PORCIÓN

Contenido energético	499 kcal	Colesterol	77 mg	Calcio	100 mg
Proteínas	39 g	Hidratos de carbono	53 g	Sodio	317 mg
Lípidos	15 g	Fibra dietética	4 g	Hierro	8 mg

Ensalada
griega

Esta ensalada es muy fresca y sencilla de elaborar, dos atributos que harán que recurra a ella en más de una ocasión.

Ingredientes para 4 porciones

Aderezo
- ¼ de taza de vinagre de vino tinto
- orégano seco triturado, al gusto
- sal y pimienta negra recién molida, al gusto
- ½ taza de aceite de canola

Ensalada
- 2 jitomates bola cortados en cubos
- 1 pepino persa cortado en medias lunas
- ¼ de cebolla morada fileteada
- 250 g de queso feta cortado en cubos
- 1 taza de aceitunas negras sin semilla, rebanadas
- 20 hojas de perejil fresco, picadas

Procedimiento

Aderezo
1. Mezcle en un tazón el vinagre de vino tinto con orégano y sal y pimienta al gusto. Vierta poco a poco el aceite de canola, batiendo constantemente con un batidor globo, hasta obtener un aderezo homogéneo. Resérvelo.

Ensalada
1. Mezcle en una ensaladera los cubos de jitomate, las medias lunas de pepino, la cebolla morada fileteada y la mitad del aderezo.
2. Distribuya la ensalada en platos y coloque encima los cubos de queso feta y las aceitunas rebanadas; espolvoree el perejil picado. Sirva con el aderezo restante.

INFORMACIÓN NUTRIMENTAL POR PORCIÓN					
Contenido energético	456 kcal	Colesterol	56 mg	Calcio	361 mg
Proteínas	10 g	Hidratos de carbono	10 g	Sodio	285 mg
Lípidos	43 g	Fibra dietética	2 g	Hierro	7 mg

El queso feta se elabora con leche de oveja o cabra. Puede contener hasta 5% de sal debido a que en su proceso se introduce en salmuera.

Aderezo de maple

Ingredientes para 4 porciones

- 3 cucharadas de jarabe de maple
- 1½ cucharadas de jugo de limón
- 1 cucharada de salsa de soya baja en sodio
- 2 cucharadas de aceite de canola
- pimienta negra recién molida, al gusto

INFORMACIÓN NUTRIMENTAL POR PORCIÓN (30 ml)	
Contenido energético	105 kcal
Proteínas	0 g
Lípidos	7 g
Colesterol	0 mg
Hidratos de carbono	11 g
Fibra dietética	0 g
Calcio	18 mg
Sodio	106 mg
Hierro	0 mg

Procedimiento

1. Mezcle en un tazón pequeño el jarabe de maple con el jugo de limón y la salsa de soya con un batidor globo. Vierta el aceite de canola, poco a poco y en forma de hilo, batiendo constantemente hasta obtener un aderezo homogéneo. Sazone con pimienta al gusto.

Aderezo de mostaza

Ingredientes para 5 porciones

- 2 cucharadas de mostaza tipo americano
- 1 cucharada de salsa de soya baja en sodio
- 2 cucharadas de jugo de limón
- 4 cucharadas de vinagre balsámico
- ½ cucharadita de azúcar
- 2 cucharadas de aceite de canola
- pimienta negra recién molida, al gusto

INFORMACIÓN NUTRIMENTAL POR PORCIÓN (30 ml)	
Contenido energético	67 kcal
Proteínas	1 g
Lípidos	5 g
Colesterol	0 mg
Hidratos de carbono	4 g
Fibra dietética	0 g
Calcio	7mg
Sodio	164 mg
Hierro	0 mg

Procedimiento

1. Mezcle en un tazón pequeño la mostaza con la salsa de soya, el jugo de limón, el vinagre balsámico y el azúcar con un batidor globo hasta que esta última se disuelva. Vierta el aceite de canola, poco a poco y en forma de hilo, batiendo constantemente hasta obtener un aderezo homogéneo. Sazone con pimienta al gusto.

Aderezo de aceite
de oliva y naranja

Ingredientes para 6 porciones

- ½ taza de jugo de naranja natural
- 1 cucharada de mostaza a la antigua o de Dijon
- 1 cucharada de ajonjolí tostado
- 3 cucharadas de aceite de oliva sal y pimienta negra recién molida, al gusto

Procedimiento

1. Mezcle en un tazón pequeño el jugo de naranja con la mostaza y el ajonjolí con un batidor globo. Vierta el aceite de oliva, poco a poco y en forma de hilo, batiendo constantemente hasta obtener un aderezo homogéneo. Sazone con sal y pimienta al gusto.

INFORMACIÓN NUTRIMENTAL POR PORCIÓN (30 ml)	
Contenido energético	88 kcal
Proteínas	1 g
Lípidos	8 g
Colesterol	0 mg
Hidratos de carbono	3 g
Fibra dietética	0 g
Calcio	5 mg
Sodio	110 mg
Hierro	0 mg

Aderezo de yogur
y chipotle

Ingredientes para 9 porciones

- 1 ½ tazas de yogur natural sin azúcar
- ¼ taza de aceite de canola
- 3 cucharadas de chile chipotle adobado picado
- ¼ de taza de jugo de limón sal y pimienta negra recién molida, al gusto
- 1 cucharada de hojas de cilantro picadas

Procedimiento

1. Mezcle en un tazón pequeño el yogur natural, el aceite de canola, el chile chipotle y el jugo de limón hasta obtener un aderezo homogéneo. Sazone con sal y pimienta al gusto y añádale el cilantro picado.

INFORMACIÓN NUTRIMENTAL POR PORCIÓN (60 ml)	
Contenido energético	93 kcal
Proteínas	2 g
Lípidos	8 g
Colesterol	6 mg
Hidratos de carbono	3 g
Fibra dietética	0 g
Calcio	59 mg
Sodio	121 mg
Hierro	0 mg

Aderezo
de cacahuate

Ingredientes para 5 porciones

- ¼ de taza de crema de cacahuate sin azúcar
- ¼ de taza de jugo de limón
- ½ cucharadita de miel de abeja
- 1 cucharadita de jengibre fresco rallado
- ½ cucharadita de ajo picado finamente
- ½ cucharadita de cúrcuma en polvo
- ½ cucharadita de pimienta de Cayena
- sal al gusto

Procedimiento

1. Mezcle en un tazón pequeño todos los ingredientes hasta obtener un aderezo homogéneo.

INFORMACIÓN NUTRIMENTAL POR PORCIÓN (30 ml)					
Contenido energético	88 kcal	Colesterol	0 mg	Calcio	10 mg
Proteínas	3 g	Hidratos de carbono	5 g	Sodio	156 mg
Lípidos	6 g	Fibra dietética	1 g	Hierro	0 mg

TENTEMPIÉS

Botana energética
de amaranto y pasas

Porcione esta preparación con ayuda de un cortador circular de 10 centímetros de diámetro.

Ingredientes para 8 porciones

- ½ taza de semillas de calabaza sin sal
- 8 cucharadas de jarabe de agave
- 1½ tazas de pasas
- 4 tazas de amaranto tostado

Procedimiento

1. Cubra con papel siliconado o encerado una charola o un molde rectangular de 20 × 32 centímetros.

2. Ponga sobre fuego medio-bajo un sartén con las semillas de calabaza; muévalas ocasionalmente hasta que se doren ligeramente. Transfiéralas a un tazón y déjelas enfriar.

3. Caliente en una olla sobre fuego bajo el jarabe de agave; añada los arándanos, las semillas de calabaza tostadas y el amaranto. Mezcle con una espátula hasta incorporar todos los ingredientes.

4. Distribuya la preparación en la charola o molde, presiónela para cubrir bien el fondo y las paredes y extiéndala con una espátula para alisar la superficie. Déjela reposar a temperatura ambiente durante 1 hora y córtela en 8 discos.

INFORMACIÓN NUTRIMENTAL POR PORCIÓN (1 disco de 10 cm de diámetro)					
Contenido energético	325 kcal	Colesterol	0 mg	Calcio	19 mg
Proteínas	8 g	Hidratos de carbono	55 g	Sodio	9 mg
Lípidos	0 g	Fibra dietética	4 g	Hierro	2 mg

El amaranto es considerado un alimento muy completo. Tiene 16% de proteínas aproximadamente, es rico en magnesio y fósforo y contiene lisina, un aminoácido poco común entre los cereales. Además, comparado con el trigo, tiene mayor cantidad de calcio y hierro.

Barra energética
de granola y cacahuate

Estas barras se conservan bien hasta por 1 semana dentro de un recipiente hermético o bolsa, alejadas de la luz y en un ambiente fresco.

Ingredientes para 8 porciones

- 2 tazas de granola
- 1 taza de avena entera
- 1 taza de cereal crujiente de maíz o de arroz integral
- 2 cucharadas de almendras picadas
- ¼ de taza de arándanos deshidratados o pasas
- ½ taza de crema de cacahuate
- ½ taza de miel de abeja o edulcorante
- 1 cucharada de aceite de canola + cantidad suficiente para engrasar
- 1 cucharadita de extracto de vainilla

Procedimiento

1. Mezcle en un tazón la granola, la avena, el cereal crujiente, las almendras picadas y los arándanos o pasas. Reserve.

2. Ponga sobre fuego bajo una olla pequeña con la crema de cacahuate, la miel de abeja, el aceite de canola y el extracto de vainilla; caliente la preparación mezclándola ocasionalmente hasta obtener una consistencia tersa. Retírela del fuego e incorpórela a la mezcla de granola.

3. Engrase ligeramente una charola o un molde rectangular de 20 × 32 centímetros. Distribuya la preparación en la charola o molde, presiónela para cubrir bien el fondo y las paredes y extiéndala con una espátula para alisar la superficie. Cúbrala con plástico autoadherente y déjela reposar en el refrigerador durante 2 horas.

4. Porciónela en barras de 8 × 10 centímetros.

INFORMACIÓN NUTRIMENTAL POR PORCIÓN (1 barra de 8 × 10 cm)					
Contenido energético	402 kcal	Colesterol	0 mg	Calcio	61 mg
Proteínas	13 g	Hidratos de carbono	45 g	Sodio	114 mg
Lípidos	19 g	Fibra dietética	7 g	Hierro	4 mg

Edamames
con chile piquín

Ingredientes para 4 porciones

- 4 tazas de edamames con vaina, congelados
  chile piquín en polvo, al gusto
- sal y pimienta negra recién molida, al gusto

Procedimiento

1. Ponga sobre el fuego una olla con suficiente agua para sumergir en ella los edamames; cuando hierva, agréguelos y cuézalos durante 10 minutos. Retire la olla del fuego, escúrralos y sumérjalos en un tazón con agua fría y hielos. Escúrralos nuevamente.
2. Transfiera los edamames a un tazón y sazónelos con chile piquín en polvo, sal y pimienta al gusto. Sírvalos.

INFORMACIÓN NUTRIMENTAL POR PORCIÓN (1 taza)	
Contenido energético	120 kcal
Proteínas	11 g
Lípidos	5 g
Colesterol	0 mg
Hidratos de carbono	8 g
Fibra dietética	5 g
Calcio	59 mg
Sodio	122 mg
Hierro	2 mg

Jícamas
a la naranja

Ingredientes para 4 porciones

- 4 tazas de cubos de jícama
- 2 tazas de jugo de naranja natural
  chile piquín en polvo, al gusto
- 2 ramas de apio rebanadas
  la ralladura de 1 naranja
- 4 cucharadas de granos de granada

Procedimiento

1. Mezcle en un tazón la jícama con el jugo de naranja y déjela reposar en refrigeración durante 30 minutos.
2. Escurra la jícama y sírvala con chile piquín en polvo al gusto.

INFORMACIÓN NUTRIMENTAL POR PORCIÓN (1 taza)	
Contenido energético	128 kcal
Proteínas	2 g
Lípidos	1 g
Colesterol	0 mg
Hidratos de carbono	28 g
Fibra dietética	8 g
Calcio	18 mg
Sodio	49 mg
Hierro	2 mg

Palomitas con chile
o con canela

Verifique el tiempo de cocción de las palomitas, ya que dependerá de su microondas.

Ingredientes para 4 porciones

- ½ taza de maíz palomero
  cantidad suficiente de aceite
  de canola en aerosol
- 1 cucharada de chile piquín en polvo
  sal al gusto
- ½ cucharadita de canela en polvo
- 1 cucharadita de azúcar glass
- ¼ cucharadita de nuez moscada

Procedimiento

1. Coloque el maíz palomero en una bolsa de papel estraza y doble sobre sí misma la abertura varias veces para cerrarla bien. Caliéntela en el microondas entre 1 y 2 minutos o hasta que la mayoría de los granos de maíz hayan explotado.

2. Abra la bolsa con cuidado para evitar quemarse con el vapor que saldrá. Transfiera las palomitas a un tazón y rocíelas con un poco de aceite.

3. Prepare palomitas con chile, espolvoreándoles el chile piquín en polvo y sal al gusto; o bien, palomitas con canela, espolvoreándoles la canela molida, el azúcar glass, la nuez moscada y 1 pizca de sal. Sírvalas.

INFORMACIÓN NUTRIMENTAL POR PORCIÓN DE PALOMITAS CON CHILE (1 taza)					
Contenido energético	83 kcal	Colesterol	0 mg	Calcio	0 mg
Proteínas	0 g	Hidratos de carbono	18 g	Sodio	116 mg
Lípidos	1 g	Fibra dietética	1 g	Hierro	0 mg

INFORMACIÓN NUTRIMENTAL POR PORCIÓN DE PALOMITAS CON CANELA (1 taza)					
Contenido energético	86 kcal	Colesterol	0 mg	Calcio	0 mg
Proteínas	0 g	Hidratos de carbono	19 g	Sodio	29 mg
Lípidos	1 g	Fibra dietética	1 g	Hierro	0 mg

El maíz palomero contiene magnesio, zinc, fósforo y potasio. Debido a que necesita humedad para reventar, se recomienda almacenarlo en un recipiente bien cerrado y mantenerlo en un lugar seco.

Tzatziki
y pan pita

Elija pepinos que sean firmes y lisos para asegurar su frescura.
Si lo que se quiere es apreciar mejor su característica crujiente, adquiera los que sean
tiernos y pequeños, ya que en la mayoría de los casos contienen menos agua y más sabor.

Ingredientes para 4 porciones

- 2 pepinos pelados
- 500 ml de yogur natural sin azúcar
- 2½ dientes de ajo
- 2½ cucharadas de aceite de canola
- ½ cucharada de vinagre de manzana
- ¼ de taza de hojas de menta picadas
- sal y pimienta negra recién molida, al gusto
- 4 panes pita suaves

Procedimiento

1. Ralle los pepinos con un rallador de queso; colóquelos en una coladera y presiónelos con el dorso de una cuchara para eliminar el exceso de líquido.

2. Mezcle en un recipiente el pepino rallado con el yogur natural y reserve.

3. Licue los dientes ajo con el aceite de canola y el vinagre de manzana hasta obtener una emulsión. Incorpórela a la mezcla de pepino con yogur junto con las hojas de menta picadas y sal y pimienta al gusto.

4. Sirva el *tzatziki* acompañado con el pan pita.

INFORMACIÓN NUTRIMENTAL POR PORCIÓN (1 pan pita + *tzatziki*)					
Contenido energético	311 kcal	Colesterol	17 mg	Calcio	265 mg
Proteínas	9 g	Hidratos de carbono	37 g	Sodio	329 mg
Lípidos	14 g	Fibra dietética	1 g	Hierro	9 mg

Puede utilizar esta preparación para acompañar ensaladas elaboradas
con verduras, pescados y carnes.

Crema
de almendras

Ingredientes para 8 porciones

- 1 taza de almendras
- ½ cucharadita de sal
- 2 cucharadas de jarabe de maple
  rebanadas sesgadas de baguette

Procedimiento

1. Ponga una olla con 2 tazas de agua sobre el fuego; cuando hierva, añada las almendras y déjelas hervir durante 2 minutos como máximo. Escurra las almendras, déjelas entibiar y retíreles la cáscara.

2. Ponga sobre fuego medio-bajo un sartén con las almendras; muévalas ocasionalmente hasta que se doren ligeramente. Retírelas del fuego y déjelas enfriar. Tritúrelas en un procesador de alimentos hasta obtener una pasta tersa; añada la sal y el jarabe de maple y continúe procesando hasta obtener una crema homogénea. Viértala en un frasco con capacidad para 1 taza, previamente esterilizado.

3. Sírvala untada sobre las rebanadas de baguette.

INFORMACIÓN NUTRIMENTAL POR PORCIÓN (2 cucharadas de crema + 1 rebanada de baguette)					
Contenido energético	138 kcal	Colesterol	0 mg	Calcio	39 mg
Proteínas	4 g	Hidratos de carbono	15 g	Sodio	230 mg
Lípidos	7 g	Fibra dietética	2 g	Hierro	1 mg

Para esterilizar frascos, lávelos perfectamente con agua y con jabón. Después, introdúzcalos en una olla, agregue suficiente agua hasta cubrirlos y colóquelos sobre el fuego. Deje que el agua hierva durante 15 minutos; apagué el fuego y deje que el agua se entibie. Retire los frascos de la olla con unas pinzas y déjelos escurrir sobre una toalla o manta limpia.

CREMAS Y SOPAS

Crema de chipotle
y queso de cabra

Ingredientes para 4 porciones

- 2 cucharadas de aceite de canola
- ½ cebolla fileteada
- 1 diente de ajo picado
- 3 chiles chipotle
- 80 g de queso de cabra + 40 g
- 1 taza de crema ácida baja en calorías
- 2 tazas de caldo de pollo desgrasado, o de verduras
- 1 cucharada de fécula de maíz disuelta en un poco de agua
- hojas de cilantro al gusto
- sal y pimienta negra recién molida, al gusto

Procedimiento

1. Ponga sobre el fuego una olla con el aceite de canola; cuando se caliente, sofría la cebolla fileteada y el ajo picado. Añada los chiles chipotle y los 80 gramos de queso de cabra, y sofríalos durante un par de minutos; agregue la crema y deje que hierva durante un par de minutos.

2. Baje el fuego, añada a la olla el caldo de pollo o de verduras y la fécula de maíz, y deje que la preparación hierva. Retírela del fuego y deje que se entibie. Licúela hasta obtener una crema homogénea y ligeramente espesa. Cuélela.

3. Coloque la crema en la olla sobre el fuego. Cuando dé el primer hervor, retírela del fuego y sírvala decorada con las hojas de cilantro y el queso de cabra.

INFORMACIÓN NUTRIMENTAL POR PORCIÓN (240 ml)					
Contenido energético	290 kcal	Colesterol	49 mg	Calcio	369 mg
Proteínas	12 g	Hidratos de carbono	11 g	Sodio	190 mg
Lípidos	22 g	Fibra dietética	1 g	Hierro	2 mg

*El queso de cabra es una fuente importante de calcio. Se considera como un queso suave
por contener entre 45 y 60% de agua.*

Crema
de cilantro

Ingredientes para 7 porciones

- 1 diente de ajo
- 1 zanahoria mediana, troceada
- 1 cucharada de cebolla picada
- 1 taza de hojas de cilantro + cantidad suficiente para decorar
- 1½ tazas de leche descremada
- 2 cucharadas de aceite de canola
- ¼ de taza de harina de trigo
- 1 taza de crema para batir
- 1 taza de crema ácida, baja en calorías
- 3 tazas de caldo de pollo
- sal y pimienta negra recién molida, al gusto
- 2 cucharadas de semillas de girasol tostadas

Procedimiento

1. Licue el diente de ajo con la zanahoria, la cebolla, el cilantro y ½ taza de leche descremada. Reserve.

2. Hierva el resto de la leche y resérvela caliente.

3. Ponga sobre fuego medio una olla con el aceite de canola; cuando se caliente, añada la harina de trigo y mézclela constantemente hasta que se dore ligeramente. Añada poco a poco, y sin dejar de batir, el molido de verduras; cuando se caliente, incorpore la leche caliente, los dos tipos de crema y el caldo de pollo. Deje que la preparación hierva durante 15 minutos, moviéndola constantemente.

4. Agregue a la crema sal y pimienta al gusto y retírela del fuego. Sírvala decorada con las semillas de girasol y hojas de cilantro.

INFORMACIÓN NUTRIMENTAL POR PORCIÓN (240 ml)					
Contenido energético	165 kcal	Colesterol	24 mg	Calcio	68 mg
Proteínas	5 g	Hidratos de carbono	9 g	Sodio	119 mg
Lípidos	10 g	Fibra dietética	1 g	Hierro	1 mg

Se denomina leche descremada a aquella que, debido al proceso de elaboración, ha perdido componentes grasos, colesterol y algunas vitaminas liposolubles. Algunas marcas suelen añadir vitaminas para compensar la pérdida.

Sopa
de calabacita

Si desea una opción vegetariana en su dieta, cerciórese de emplear caldo de verduras en esta receta.

Ingredientes para 4 porciones

- cantidad suficiente de aceite de canola en aerosol
- 8 calabacitas partidas por la mitad
- 1 cebolla fileteada
- 1 papa cocida, pelada y cortada en cubos
- 2 tazas de caldo de pollo desgrasado, o de verduras
- ½ taza de almendras fileteadas, tostadas
- sal y pimienta negra recién molida, al gusto

Procedimiento

1. Ponga sobre el fuego un sartén y rocíelo con un poco de aceite en aerosol; cuando se caliente, ase las mitades de calabacita por ambos lados hasta que estén suaves. Resérvelas.

2. Rocíe el sartén con un poco más de aceite y sofría la cebolla fileteada durante 5 minutos o hasta que esté suave. Licuela junto con calabacitas asadas, los cubos de papa y un poco del caldo de pollo o de verduras.

3. Ponga sobre fuego bajo una olla con el molido de calabacita y el resto del caldo. Cuando la sopa hierva, salpimiéntela al gusto y retírela del fuego; cuélela si lo desea. Sírvala con las almendras fileteadas.

INFORMACIÓN NUTRIMENTAL POR PORCIÓN (360 ml)					
Contenido energético	211 kcal	Colesterol	0 mg	Calcio	106 mg
Proteínas	8 g	Hidratos de carbono	22 g	Sodio	124 mg
Lípidos	10 g	Fibra dietética	4 g	Hierro	17 mg

Las almendras contienen hierro, calcio y complejo B. Son una fuente importante de magnesio y potasio, así como de fósforo, zinc y omega-3. Más de 80 % de sus componentes grasos son insaturados.

Sopa
de lentejas

La cocción de esta sopa debe ser tal que permita tener una consistencia de sopa ligera con las lentejas enteras; verifique constantemente la cocción de éstas.

Ingredientes para 6 porciones

- 1 ½ tazas de lentejas limpias, remojadas previamente durante 30 min
- 6 tazas de caldo de pollo desgrasado, o de verduras
- 2 cucharadas de aceite de canola
- 1 cebolla fileteada
- 4 jitomates guaje medianos, picados
- 1 taza de floretes de brócoli
- 4 ramas de hierbabuena fresca + cantidad suficiente de hojas para decorar
- ½ cucharadita de comino en polvo
- ½ cucharadita de tomillo en polvo
- sal y pimienta negra recién molida, al gusto

Preparación

1. Escurra las lentejas y colóquelas en una olla con 4 tazas de caldo de pollo o de verduras. Póngalas sobre el fuego y deje que se cuezan durante 30 minutos o hasta que estén suaves. Resérvelas.

2. Ponga sobre el fuego una olla con el aceite de canola; cuando se caliente, sofría la cebolla fileteada durante 5 minutos o hasta que esté suave y transparente.

Agregue los jitomates picados y cuézalos, moviéndolos ocasionalmente, durante 5 minutos. Añada las lentejas con su líquido de cocción, las 2 tazas de caldo restantes, los floretes de brócoli, las ramas de hierbabuena, el comino y el tomillo en polvo, y sal y pimienta al gusto. Deje que la sopa hierva durante 5 minutos, retírela del fuego y sirva.

INFORMACIÓN NUTRIMENTAL POR PORCIÓN (360 ml)					
Contenido energético	245 kcal	Colesterol	1 mg	Calcio	61 mg
Proteínas	17 g	Hidratos de carbono	32 g	Sodio	101 mg
Lípidos	5 g	Fibra dietética	3 g	Hierro	4 mg

Las lentejas son una buena fuente de hierro y zinc, contienen gran cantidad de vitaminas B3 y B5, y como la mayoría de las leguminosas, son una fuente importante de proteínas.

Sopa de verduras
y leguminosas

Recuerde siempre verificar que las leguminosas o alimentos secos no tengan presencia de hongos, humedad o insectos, y que se encuentren en envases o empaques cerrados o sellados.

Ingredientes para 6 porciones

- 1 taza de habas secas
- ¼ de taza de frijoles bayos
- 1 cucharada de aceite de canola
- 1 cebolla picada
- 1 diente de ajo machacado
- 2 jitomates pelados y troceados
- 2 cucharadas de perejil picado
- 4 tazas de caldo de verduras
- ¼ de taza de vino tinto
- 1 zanahoria cortada en cubos
- ½ nabo cortado en cubos
- 1 papa cortada en cubos
- 1 rama de apio rebanada
- 2 cucharadas de pasta de jitomate comercial
- 1 calabacita cortada en rodajas
- ½ taza de pasta tipo codito o la pasta corta de su elección
- sal y pimienta negra recién molida, al gusto

Procedimiento

1. Coloque en tazones separados las habas secas y los frijoles; cúbralos con suficiente agua y déjelos reposar durante 1 noche.

2. Escurra las habas y los frijoles y colóquelos en dos ollas por separado. Cúbralos con suficiente agua, colóquelos sobre el fuego y deje que las primeras se cuezan durante 20 minutos, y los segundos durante 40 minutos. Escúrralos por separado y resérvelos.

3. Ponga sobre el fuego una olla con el aceite de canola; cuando se caliente, sofría la cebolla picada y el ajo machacado. Añada los jitomates troceados, el perejil picado, las habas, el caldo de verduras y el vino tinto; tape la olla, baje el fuego y deje que las habas se cuezan durante 2 horas.

4. Añada la zanahoria, el nabo, las papas y el apio troceados, así como la pasta de jitomate; continúe la cocción con la olla tapada durante 20 minutos más. Incorpore las rodajas de calabaza, los frijoles y la pasta; cueza entre 15 y 20 minutos más o hasta que las verduras y la pasta estén suaves. Sazone con sal y pimienta al gusto y sirva.

INFORMACIÓN NUTRIMENTAL POR PORCIÓN (320 ml)					
Contenido energético	225 kcal	Colesterol	0 mg	Calcio	58 mg
Proteínas	11 g	Hidratos de carbono	43 g	Sodio	146 mg
Lípidos	1 g	Fibra dietética	3 g	Hierro	6 mg

Sopa
de zanahoria

Ya que las zanahorias contienen una gran cantidad de agua, no es recomendable conservarlas durante más de 5 días en refrigeración, pues se tornan aguadas.

Ingredientes para 6 porciones

- ½ taza de cubos de pan de 1 centímetro
- 2 cucharadas de aceite de canola
- ¼ de cucharadita de ajo rallado
- ½ cuchara de una mezcla de hierbas secas de su elección
- 1 taza de cebolla picada
- 5 tazas de cubos de zanahoria
- 1 cucharada de jengibre fresco rallado
- 4 tazas de caldo de verduras
- sal y pimienta negra recién molida, al gusto

Procedimiento

1. Precaliente el horno a 160 °C.
2. Mezcle 1 cucharada de aceite de canola con el ajo rallado y las hierbas secas. Coloque los cubos de pan en una charola para hornear y rocíelos con la mezcla de aceite y hierbas. Hornéelos durante 15 minutos o hasta que se doren. Resérvelos.
3. Ponga sobre el fuego una olla con la cucharada de aceite restante; cuando se caliente, sofría la cebolla durante 3 minutos o hasta que esté suave y transparente. Añada los cubos de zanahoria y el jengibre rallado, y continúe la cocción, moviendo ocasionalmente durante 5 minutos. Vierta el caldo de verduras, tape la olla, baje un poco el fuego y deje cocer la preparación entre 20 y 25 minutos o hasta que las zanahorias estén suaves.
4. Licue la preparación hasta obtener una mezcla homogénea y salpimiente al gusto. Sirva y decore con los croutones.

INFORMACIÓN NUTRIMENTAL POR PORCIÓN (240 ml)					
Contenido energético	126 kcal	Colesterol	0 mg	Calcio	37 mg
Proteínas	5 g	Hidratos de carbono	15 g	Sodio	132 mg
Lípidos	5 g	Fibra dietética	1 g	Hierro	2 mg

Las zanahorias crudas son una excelente fuente de betacaroteno, vitaminas A, C y B1, y de minerales, como potasio y magnesio. Su consumo es recomendable para ayudar a prevenir problemas de la vista y en riñón.

Sopa ligera
de cebolla

*La fécula de maíz, una vez abierto su empaque, se puede conservar hasta por 18 meses
en un lugar fresco y seco, siempre y cuando el empaque sea bien cerrado cada vez que se abra.*

Ingredientes para 6 porciones

- 2 cucharadas de aceite de canola
- 8 cebollas fileteadas
- 1 cucharada de fécula de maíz
- 8 tazas de caldo de res
- 1 taza de jerez
- sal y pimienta negra recién molida, al gusto
- 1 taza de cubos de queso panela
- 12 palitos de pan

Procedimiento

1. Ponga sobre fuego medio una olla con el aceite de canola; cuando se caliente, sofría la cebolla fileteada ente 10 y 15 minutos o hasta que esté suave y transparente.

2. Disuelva la fécula de maíz en ¼ de taza del caldo de res y agréguela a la olla junto con el resto del caldo; mezcle bien y añada el jerez y sal y pimienta al gusto. Baje el fuego y deje que la sopa se cueza durante 40 minutos.

3. Retire la sopa del fuego y sírvala con el queso panela rallado y los palitos de pan.

INFORMACIÓN NUTRIMENTAL POR PORCIÓN (360 ml)					
Contenido energético	176 kcal	Colesterol	3 mg	Calcio	218 mg
Proteínas	12 g	Hidratos de carbono	27 g	Sodio	186 mg
Lípidos	2 g	Fibra dietética	1 g	Hierro	2 mg

VEGETALES

Alcachofas
con queso

Si limpia las alcachofas con antelación, después de hacerlo, sumérjalas
en agua fría con el jugo de 1 limón para evitar que sus puntas se ennegrezcan.

Ingredientes para 4 porciones

Vinagreta
- ¼ de taza de cilantro picado finamente
- ¼ de taza de perejil picado finamente
- ¼ de taza de jugo de limón
- ¼ de taza de aceite de canola

sal y pimienta negra recién molida, al gusto

Alcachofas
- 4 alcachofas grandes
- 1 pizca de sal
- 1 taza de queso manchego rallado

Procedimiento

Vinagreta
1. Mezcle en un tazón pequeño el cilantro, el perejil y el jugo de limón; vierta el aceite de canola, poco a poco y en forma de hilo, batiendo constantemente hasta obtener un aderezo homogéneo. Sazone con sal y pimienta al gusto y reserve.

Alcachofas
1. Corte las puntas y los tallos de las alcachofas y desprenda las hojas externas.
2. Precaliente el horno a 200 °C.
3. Ponga las alcachofas en una olla, cúbralas con suficiente agua, añada la pizca de sal y colóquelas sobre el fuego. Deje que hiervan durante 10 minutos o hasta que estén suaves.
4. Escurra las alcachofas y deje que se entibien. Separe con los dedos las hojas de las alcachofas y distribuya entre ellas el queso manchego rallado. Colóquelas en una charola para hornear y hornéelas durante 10 minutos o hasta que el queso se derrita y se dore ligeramente. Sírvalas con la vinagreta.

INFORMACIÓN NUTRIMENTAL POR PORCIÓN (1 alcachofa + vinagreta)					
Contenido energético	298 kcal	Colesterol	89 mg	Calcio	335 mg
Proteínas	12 g	Hidratos de carbono	20 g	Sodio	192 mg
Lípidos	19 g	Fibra dietética	9 g	Hierro	3 mg

Las alcachofas aportan vitaminas C y B6, fósforo, calcio y cantidades significativas de potasio y magnesio.
Son ideales para prepararse hervidas o al horno, utilizando muy pocos ingredientes.

Chilacayotes asados
con hummus

Ingredientes para 4 porciones

Hummus

- 1 taza de garbanzos cocidos o enlatados, drenados
- ½ diente de ajo
- 1 cucharada de ajonjolí tostado
- 1 cucharada de aceite de oliva
- 2 cucharadas de jugo de limón
- 1-2 cucharadas de agua
- 1 pizca de comino en polvo
- cilantro picado, al gusto
- sal al gusto

Chilacayotes

- 8 chilacayotes medianos
- 1 cebolla morada
- 1 cucharada de aceite de canola
- sal y pimienta negra recién molida, al gusto
- zataar al gusto

Procedimiento

Hummus

1. Muela en un procesador de alimentos los garbanzos, el ajo y el ajonjolí hasta obtener una pasta con grumos. Añada el aceite de oliva y el jugo de limón y continúe procesando hasta obtener una preparación tersa y homogénea. Sin apagar el procesador, agregue 1 o 2 cucharadas de agua de acuerdo con la consistencia que desee.

2. Transfiera el hummus a un tazón e incorpórele el comino en polvo, el cilantro picado y sal al gusto. Reserve.

Chilacayotes

1. Corte los chilacayotes en rodajas de ½ centímetro y filetee la cebolla.

2. Ponga sobre fuego medio un sartén con el aceite de canola; cuando se caliente, sofría la cebolla hasta que esté suave. Añada las rodajas de chilacayote, salpimiéntelas al gusto y dórelas por ambos lados.

3. Sirva las rodajas de chilacayote con la cebolla y el hummus, y espolvoréelas con zataar.

INFORMACIÓN NUTRIMENTAL POR PORCIÓN					
Contenido energético	181 kcal	Colesterol	0 mg	Calcio	67 mg
Proteínas	6 g	Hidratos de carbono	18 g	Sodio	127 mg
Lípidos	9 g	Fibra dietética	2 g	Hierro	3 mg

Ensalada caliente
de col morada

Ingredientes para 4 porciones

500 g de col morada fileteada
4 cucharadas de vinagre de manzana
4 cucharadas de azúcar mascabado

1 cucharada de aceite de canola
½ cebolla picada
1 betabel mediano, rallado
sal y pimienta al gusto

Preparación

1. Cueza la col a baño María con suficiente agua mezclada con 2 cucharadas de vinagre de manzana. Cuando esté suave, retírela del fuego.

2. Escurra la col, déjela enfriar y mézclela con el vinagre restante y el azúcar mascabado.

3. Coloque sobre el fuego un sartén con el aceite de canola, cuando esté caliente, sofría la cebolla hasta que se suavice. Reduzca la intensidad del fuego, añada la col, el betabel rallado y sal y pimienta al gusto; mezcle bien y deje que la preparación se cueza durante 3 minutos, mezclándola ocasionalmente. Retírela del fuego y sírvala caliente.

INFORMACIÓN NUTRIMENTAL POR PORCIÓN					
Contenido energético	138 kcal	Colesterol	0 mg	Calcio	60 mg
Proteínas	4 g	Hidratos de carbono	22 g	Sodio	161 mg
Lípidos	4 g	Fibra dietética	3 g	Hierro	4 mg

Jitomates
asados

Los filetes de anchoa se enjuagan previamente con agua para eliminarles el exceso de sal.

Ingredientes para 4 porciones

- cantidad suficiente de aceite de canola en aerosol
- 8 jitomates bola medianos
- ½ cebolla picada finamente
- 1 diente de ajo picado finamente
- ½ taza de hojas de perejil picadas finamente
- 4 filetes de anchoa, enjuagados y drenados
- 2 yemas
- 2 cucharadas de pan molido
- orégano seco triturado, al gusto
- sal y pimienta negra recién molida, al gusto

Procedimiento

1. Precaliente el horno a 250 °C. Engrase con un poco de aceite un refractario.

2. Corte horizontalmente la parte superior de los jitomates y retíreles la pulpa con una cuchara cafetera. Reserve los jitomates y la pulpa por separado.

3. Mezcle en un tazón la cebolla, el ajo, el perejil, las anchoas, las yemas, el pan molido y la pulpa de los jitomates hasta obtener una mezcla homogénea; sazónela al gusto con orégano seco, sal y pimienta.

4. Introduzca la preparación anterior en los jitomates que reservó; colóquelos en el refractario y hornéelos durante 15 minutos o hasta que se doren uniformemente. Sírvalos.

INFORMACIÓN NUTRIMENTAL POR PORCIÓN (2 jitomates)					
Contenido energético	183 kcal	Colesterol	136 mg	Calcio	68 mg
Proteínas	6 g	Hidratos de carbono	15 g	Sodio	231 mg
Lípidos	11 g	Fibra dietética	1 g	Hierro	3 mg

El jitomate contiene vitaminas A, C, B1 y B2. Asimismo, es rico en minerales, como el fósforo, el potasio, el calcio y el sodio. Se puede consumir crudo, generalmente en ensaladas o bebidas, o en preparaciones calientes, como sopas, salsas o guisos.

Lasaña
de berenjena

Para eliminar el posible sabor amargo de las berenjenas, es necesario desflemarlas. Para ello, corte la berenjena de la forma deseada y déjelas reposar en un recipiente con agua fría y sal entre 30 minutos y 1 hora. Escúrralas y utilícelas.

Ingredientes para 6 porciones

- 6 berenjenas cortadas en láminas de 1 cm de grosor
- 2 cucharadas de aceite de canola + cantidad suficiente en aerosol
- 2 cebollas fileteadas
- 2 tazas de salsa de jitomate (*ver pág. 106*)
- 1 taza de crema baja en calorías
- 1 taza de queso fresco desmoronado sal y pimienta negra recién molida, al gusto

Procedimiento

1. Ponga las láminas de berenjena en un recipiente grande, cúbralas con agua fría y añádales un poco de sal. Déjelas reposar durante 30 minutos y escúrralas.

2. Precaliente el horno a 180 °C y cubra con papel aluminio suficientes charolas para hornear las rebanadas de berenjenas.

3. Rocíe las láminas de berenjena por ambos lados con aceite en aerosol y distribúyalas, sin encimarlas, en las charolas. Salpimiéntelas y hornéelas durante 10 minutos o hasta que estén ligeramente doradas. Retírelas del horno y resérvelas.

4. Coloque sobre fuego medio un sartén con las 2 cucharadas de aceite y sofría las cebollas fileteadas hasta que estén suaves. Retírelas del fuego y salpimiéntelas.

5. Cubra la base de un refractario grande con un poco de la salsa de jitomate y de crema, ponga encima una cama de láminas de berenjena y agregue un poco de las cebollas fileteadas; bañe todo con un poco de salsa de jitomate y de crema. Repita esta paso formando capas hasta terminar con todos los ingredientes; la última capa deberá ser de salsa.

6. Mezcle el queso fresco con la páprika y espolvoréelo por toda la superficie de la lasaña. Cúbrala con papel aluminio y hornéela durante 25 minutos. Retírela del horno, córtela en porciones y sírvala decorada con las hojas de albahaca.

INFORMACIÓN NUTRIMENTAL POR PORCIÓN					
Contenido energético	292 kcal	Colesterol	19 mg	Calcio	237 mg
Proteínas	13 g	Hidratos de carbono	33 g	Sodio	144 mg
Lípidos	12 g	Fibra dietética	6 g	Hierro	3 mg

Las berenjenas son un alimento bajo en calorías. Aportan una buena cantidad de vitaminas C, B3 y A. También contienen potasio, calcio y magnesio.

Hongo portobello relleno
de queso ricotta y aceitunas

Debido a su porosidad, los hongos no deben lavarse bajo el chorro de agua. Lávelos delicadamente con agua y un poco de jabón, enjuáguelos y desinféctelos. Posteriormente, déjelos secar en una coladera para utilizarlos.

Ingredientes para 4 porciones

- 8 hongos portobello medianos
- 1 taza de aceitunas verdes sin semilla
- ½ cucharada de aceite de canola
- ¼ de taza de cebolla picada finamente
- 1 diente de ajo picado finamente
- 1 taza de queso ricotta
- 3 cucharadas de perejil picado finamente + hojas para decorar
- sal y pimienta negra recién molida, al gusto

Procedimiento

1. Precaliente el horno a 175 °C. Cubra una charola con papel siliconado.

2. Retire los pies de los hongos portobello y píquelos finamente. Pique de la misma manera las aceitunas. Coloque los sombreros de los hongos en la charola con la base hacia arriba.

3. Ponga sobre fuego medio un sartén con el aceite; cuando se caliente, sofría la cebolla y el ajo picados hasta que estén suaves. Añada los pies picados de los hongos y continúe la cocción, moviendo la preparación ocasionalmente, durante 5 minutos o hasta que esté un poco seca. Agregue las aceitunas picadas, mezcle y retire el sartén del fuego. Deje enfriar la preparación.

4. Mezcle en un tazón el queso ricotta con el perejil picado e incorpore la mezcla de hongo portobello con aceitunas; añada sal y pimienta al gusto.

5. Distribuya la preparación anterior dentro de los sombreros de los hongos y hornéelos durante 15 minutos. Sírvalos calientes.

INFORMACIÓN NUTRIMENTAL POR PORCIÓN (2 hongos)					
Contenido energético	202 kcal	Colesterol	19 mg	Calcio	190 mg
Proteínas	11 g	Hidratos de carbono	12 g	Sodio	228 mg
Lípidos	12 g	Fibra dietética	3 g	Hierro	1 mg

El queso ricotta se caracteriza por su consistencia cremosa, la cual lo torna ideal para utilizarlo en rellenos. Puede ser de vaca o de cabra, y se compone de 20 a 30% de materia grasa.

Rollos de berenjena
con queso panela y salsa de jitomate

Ingredientes para 4 porciones

Salsa de jitomate

- 1 cucharadita de aceite de canola
- ¼ de cebolla picada finamente
- 1 diente de ajo picado
- ½ rama de apio picada
- ½ zanahoria picada
- 400 g de jitomates picados
- 1 hoja de laurel
- 2 ramas de tomillo

- 2 ramas de mejorana
- sal y pimienta negra recién molida, al gusto

Rollos de berenjena

- cantidad suficiente de aceite de canola en aerosol
- 2 berenjenas medianas cortadas en tiras de ½ cm de grosor
- 1 cucharada de aceite de canola

- ½ cebolla picada
- 4 jitomates picados
- 300 g de bastones de queso panela
- hojas de albahaca fresca, al gusto
- sal y pimienta negra recién molida, al gusto

Procedimiento

Salsa de jitomate

1. Ponga sobre fuego medio una cacerola con el aceite; cuando se caliente, sofría la cebolla y el ajo picado hasta que estén suaves. Añada el apio y la zanahoria y continúe la cocción, moviendo ocasionalmente, hasta que las verduras estén suaves. Agregue a la cacerola el resto de los ingredientes y baje el fuego. Deje cocer la preparación durante 20 minutos, mezclándola ocasionalmente. Licuela, cuélela y regrésela a la cacerola. Deje reducir la salsa a fuego bajo hasta que tenga una consistencia espesa. Resérvela.

Rollos de berenjena

1. Caliente sobre el fuego un sartén antiadherente y rocíelo con un poco de aceite en aerosol. Distribuya en él algunas tiras de berenjena, una al lado de la otra pero sin encimarlas; rocíelas con un poco más de aceite y salpiméntelas al gusto. Ase las berenjenas por ambos lados hasta que estén ligeramente doradas y suaves. Retírelas del sartén y repita este paso con las tiras restantes.

2. Ponga sobre fuego medio un sartén con la cucharada de aceite de canola; cuando se caliente, sofría la cebolla hasta que esté suave. Añada el jitomate picado y continúe la cocción durante 10 minutos, moviendo la preparación ocasionalmente. Vierta la salsa de jitomate que reservó, añádale sal al gusto y retírela del fuego.

3. Precaliente el horno a 180° C. Distribuya en una de las orillas de las tiras de berenjena, los bastones de queso panela y las hojas de albahaca y enrolle las tiras sobre sí mismas. Acomode los rollos en un refractario y báñelos con la salsa. Hornéelos durante 20 minutos y sírvalos decorados con hojas de albahaca.

INFORMACIÓN NUTRIMENTAL POR PORCIÓN (315 g)					
Contenido energético	342 kcal	Colesterol	5 mg	Calcio	268 mg
Proteínas	18 g	Hidratos de carbono	33 g	Sodio	298 mg
Lípidos	15 g	Fibra dietética	5 g	Hierro	4 mg

Soufflé ligero
de espinacas

Para obtener unos soufflés perfectos, no abra el horno durante la cocción. También es necesario servirlos de inmediato, pues conforme pasa el tiempo después de haberlos sacado del horno, pierden volumen.

Ingredientes para 6 porciones

- cantidad suficiente de aceite en aerosol
- 1 kg de hojas de espinaca
- 1 cucharadita de aceite de canola
- ½ cebolla picada finamente
- 2 huevos
- ½ taza de crema baja en grasas
- 1 cucharada de mostaza de Dijon
- 2 pizcas de nuez moscada
- sal y pimienta negra recién molida, al gusto

Procedimiento

1. Precaliente el horno a 175 °C. Engrase 6 moldes para soufflé con un poco de aceite en aerosol.

2. Ponga sobre el fuego una olla con suficiente agua para cocer las espinacas. Cuando el agua hierva, añádale un poco de sal y las espinacas; deje que se cuezan durante 3 minutos. Sáquelas del agua hirviendo y transfiéralas a un tazón con agua fría y hielos. Cuando se hayan enfriado, escúrralas y resérvelas.

3. Ponga sobre el fuego un sartén con la cucharadita de aceite de canola y sofría en él la cebolla hasta que esté suave. Licúela con las espinacas y el resto de los ingredientes hasta obtener una preparación homogénea y tersa. Rectifique la cantidad de sal y de pimienta y distribúyala en los moldes para soufflé.

4. Hornee los soufflés entre 15 y 20 minutos o hasta que hayan crecido y estén dorados. Sáquelos del horno y sírvalos de inmediato.

INFORMACIÓN NUTRIMENTAL POR PORCIÓN					
Contenido energético	132 kcal	Colesterol	69 mg	Calcio	241 mg
Proteínas	9 g	Hidratos de carbono	10 g	Sodio	278 mg
Lípidos	6 g	Fibra dietética	1 g	Hierro	14 mg

Las espinacas son una excelente fuente de hierro y vitamina C. Asimismo, tienen un alto contenido de vitamina A, potasio y magnesio.

SÁNDWICHES, PASTAS Y ANTOJITOS MEXICANOS

Bagel integral
con salmón

Recuerde siempre conservar en refrigeración el salmón ahumado hasta su uso.

Ingredientes para 4 porciones

- 4 bagels integrales
- ½ taza de jocoque seco
- 4 cucharadas de aceitunas sin semilla, cortadas en rodajas
- 1 cucharada de alcaparras
- 400 g de rebanadas de salmón ahumado
- 1 jitomate cortado en rodajas
- 1 taza de arúgula
- pimienta negra recién molida, al gusto

Procedimiento

1. Corte los bagels por la mitad a lo ancho.
2. Mezcle el jocoque con las aceitunas, las alcaparras y pimienta al gusto.
3. Unte las bases de los bagels con la mezcla de jocoque y distribuya encima las rebanadas de salmón ahumado, las rodajas de jitomate y la arúgula. Cubra con las mitades de bagel restantes.

INFORMACIÓN NUTRIMENTAL POR PORCIÓN (1 bagel)					
Contenido energético	486 kcal	Colesterol	98 mg	Calcio	38 mg
Proteínas	34 g	Hidratos de carbono	61 g	Sodio	299 mg
Lípidos	12 g	Fibra dietética	4 g	Hierro	4 mg

Sirva los bagels a temperatura ambiente, o si lo desea, caliéntelos en una sandwichera o en un sartén sobre el fuego.

Pan pita
con jocoque y verduras

Una vez que abra el empaque del pan pita, puede conservarlo a temperatura ambiente por 4 días, en refrigeración por 7 días, o congelado, 4 meses.

Ingredientes para 4 porciones

- ¼ de taza de semillas de girasol sin sal
- 2 jitomates grandes
- ½ taza de jocoque seco
- 16 aceitunas negras sin semilla, picadas
- 4 panes pita
- sal y pimienta negra recién molida, al gusto
- ¼ de taza de col morada rallada
- ½ pepino rebanado finamente con cáscara

Procedimiento

1. Ponga sobre fuego medio-bajo un sartén con las semillas de girasol y muévalas ocasionalmente hasta que se doren ligeramente. Resérvelas.

2. Corte los jitomates por la mitad a lo largo y, después, corte cada mitad en rebanadas; resérvelas. Mezcle el jocoque seco con las aceitunas picadas, las semillas de girasol tostadas y sal y pimienta al gusto.

3. Abra los panes por la mitad y caliéntelos en el mismo sartén donde tostó las semillas de girasol. Unte el interior de los panes con la mezcla de jocoque y distribuya dentro la col morada, el pepino y las rebanadas de jitomate. Sirva.

INFORMACIÓN NUTRIMENTAL POR PORCIÓN (1 pan pita)					
Contenido energético	303 kcal	Colesterol	1 mg	Calcio	75 mg
Proteínas	10 g	Hidratos de carbono	36 g	Sodio	276 mg
Lípidos	13 g	Fibra dietética	3 g	Hierro	3 mg

Pasta arrabiata

Ingredientes para 4 porciones

Salsa de jitomate

- 1 cucharada de aceite de oliva
- 2 dientes de ajo picados
- 1 rama de apio picada
- 1 zanahoria picada
- 3 tazas de jitomates sin semillas, picados
- 6 ramas de albahaca
- sal y pimienta negra recién molida, al gusto

Pasta

- 200 g de macarrones
- 3 cucharadas de aceite de canola
- 1 cebolla picada finamente
- 1 ajo picado finamente
- 1 cucharadita de hojuelas de chile seco
- ¼ de taza de caldo de pollo bajo en grasa
- 3 cucharadas de hojas de orégano fresco, picadas
- 3 cucharadas de hojas de albahaca fresca, picadas + hojas enteras para decorar
- sal y pimienta negra recién molida, al gusto

Procedimiento

Salsa de jitomate

1. Ponga sobre fuego medio una olla con el aceite; cuando se caliente, sofría el ajo, el apio y la zanahoria picados durante 5 minutos o hasta que estén suaves. Añada el jitomate picado, las ramas de albahaca y sal y pimienta al gusto. Baje el fuego y deje que la preparación se cueza durante 20 minutos.
2. Licúe la preparación hasta obtener una salsa homogénea y rectifique la cantidad de sal y de pimienta. Reserve.

Pasta

1. Coloque sobre el fuego una olla con suficiente agua para cocer los macarrones; cuando hierva, añádale un poco de sal, los macarrones, y deje que la pasta se cueza entre 8 y 10 minutos o el tiempo que indique el empaque. Escúrrala, enfríela bajo el chorro de agua fría y mézclala en un tazón con ½ cucharada del aceite de canola. Resérvela.
2. Ponga sobre fuego medio una cacerola con el aceite restante; cuando se caliente, sofría la cebolla y el ajo picados junto con las hojuelas de chile seco durante 5 minutos o hasta que la cebolla esté suave y transparente.
3. Vierta a la cacerola la salsa de jitomate que reservó y el caldo de pollo. Tápela, baje el fuego y cueza la preparación durante 10 minutos. Añada el orégano y la albahaca y continúe la cocción de la preparación, moviéndola constantemente, durante 15 minutos. Rectifique la cantidad de sal de la salsa e incorpore los macarrones; continúe la cocción un par de minutos más y sirva la pasta decorada con hojas de albahaca.

INFORMACIÓN NUTRIMENTAL POR PORCIÓN					
Contenido energético	404 kcal	Colesterol	0 mg	Calcio	61 mg
Proteínas	10 g	Hidratos de carbono	57 g	Sodio	179 mg
Lípidos	15 g	Fibra dietética	2 g	Hierro	3 mg

Pasta con espárragos
y champiñones

Si encuentra hongos de temporada, no dude en emplearlos en lugar de los champiñones.

Ingredientes para 4 porciones

- 12 espárragos cortados en cuartos
- 200 g de pasta corta
- 2 cucharadas de aceite de canola
- 2 dientes de ajo picados finamente
- 1 taza de champiñones rebanados
- 1 taza de queso ricotta
- sal y pimienta negra recién molida, al gusto

Procedimiento

1. Ponga sobre el fuego una olla con agua suficiente para cocer los espárragos y, posteriormente, la pasta. Cuando hierva, añádale un poco de sal y cueza en ella los espárragos durante 3 minutos; escúrralos y reserve el agua de cocción en la olla. Enfríe los espárragos sumergiéndolos en un tazón con agua y hielos; escúrralos y resérvelos.

2. Ponga sobre el fuego la olla con el agua de cocción de los espárragos. Cuando hierva, añádale la pasta y deje que se cueza entre 8 y 10 minutos o el tiempo que indique el empaque. Escúrrala, enfríela bajo el chorro de agua fría y mézclala en un tazón con ½ cucharada del aceite de canola. Resérvela.

3. Ponga sobre el fuego un sartén con el aceite restante; cuando se caliente, sofría el ajo picado durante 1 minuto. Añada los champiñones y saltéelos hasta que se doren ligeramente; después, agregue los espárragos, sal y pimienta al gusto, y continúe la cocción de la preparación, moviéndola ocasionalmente, durante un par de minutos más.

4. Incorpore al sartén la pasta y saltéela hasta que se caliente. Sirva la pasta espolvoreada con el queso ricotta.

INFORMACIÓN NUTRIMENTAL POR PORCIÓN					
Contenido energético	359 kcal	Colesterol	0 mg	Calcio	61 mg
Proteínas	10 g	Hidratos de carbono	57 g	Sodio	179 mg
Lípidos	15 g	Fibra dietética	2 g	Hierro	3 mg

El queso ricotta es de origen italiano. Confiere a los platillos un sutil y delicioso sabor acidulado.

Pasta
primavera

Es muy práctico preparar caldo de pollo en grandes cantidades con días de anticipación para emplearlo paulatinamente cuando realice preparaciones que lo necesiten. Para ello, una vez que se enfríe, porciónelo en recipientes pequeños y congélelo. Un día antes de utilizarlo, transfiera la cantidad que utilizará a refrigeración.

Ingredientes para 4 porciones

- 200 g de pasta tipo codito o la pasta corta de su preferencia
- 2 cucharadas de aceite de canola
- ½ cebolla picada
- 2 ramas de apio rebanadas
- 2 tazas de cubos pequeños de zanahoria
- 1 taza de cubos pequeños de calabacita
- 2 tazas de hojas de espinacas fileteadas
- ½ taza de caldo de pollo
- 1 cucharada de mostaza de Dijon
- 2 cucharadas de jugo de limón
- sal y pimienta negra recién molida, al gusto

Procedimiento

1. Coloque una olla sobre el fuego con suficiente agua para cocer la pasta; cuando hierva, añádale un poco de sal, la pasta, y deje que se cueza entre 8 y 10 minutos o el tiempo que indique el empaque. Escúrrala, enfríela bajo el chorro de agua fría y mézclela en un tazón con ½ cucharada del aceite de canola. Resérvela.

2. Ponga sobre fuego medio un sartén con el aceite restante; cuando se caliente, sofría la cebolla y el apio durante 3 minutos o hasta que estén suaves. Añada los cubos de zanahoria y sofríalos durante 5 minutos; después, agregue los cubos de calabacita, sal y pimienta al gusto, y continúe la cocción durante 3 minutos más.

3. Añada a la preparación la espinaca fileteada, sáltéela un par de minutos y vierta el caldo de pollo; deje que la preparación hierva durante 5 minutos o hasta que el líquido se haya reducido un poco. Agregue la mostaza y el jugo de limón y mezcle bien.

4. Incorpore los coditos a la preparación y continúe la cocción durante un par de minutos más. Rectifique la sazón y sirva.

INFORMACIÓN NUTRIMENTAL POR PORCIÓN					
Contenido energético	306 kcal	Colesterol	0 mg	Calcio	59 mg
Proteínas	9 g	Hidratos de carbono	50 g	Sodio	198 mg
Lípidos	8 g	Fibra dietética	2 g	Hierro	5 mg

Quesadillas con tortilla
de nopal y guacamole con frutas

Evite que el guacamole se oxide, preparándolo unos minutos antes de elaborar las quesadillas.

Ingredientes para 4 porciones

Guacamole

- 1 aguacate maduro
- 2 cucharadas de cebolla picada finamente
- 2 cucharadas de cilantro picado finamente
- 1 cucharadita de chile serrano picado finamente
- el jugo de 1 limón
- ¼ de taza de cubos pequeños de mango Ataulfo
- ½ taza de granos de granada roja
- hojas de cilantro, al gusto
- sal y pimienta negra recién molida, al gusto

Quesadillas

- 8 tortillas de nopal
- 8 rebanadas de queso panela de 10 a 25 g c/u
- ¼ de taza de arúgula

Procedimiento

Guacamole

1. Extraiga la pulpa del aguacate y macháquela en un tazón con un tenedor. Incorpórele el resto de los ingredientes, excepto la granada roja, y resérvelo.

Quesadillas

1. Ponga sobre fuego medio un comal y caliente en él las tortillas de nopal por uno de sus lados. Deles la vuelta y distribúyales las rebanadas de queso. Dóblelas por la mitad sobre sí mismas y deje que se calienten durante 5 minutos, volteándolas una vez a la mitad del tiempo, o hasta que el queso esté un poco suave.

2. Rellene las quesadillas con la arúgula y sírvalas con el guacamole decorado con los granos de granada roja y hojas de cilantro.

INFORMACIÓN NUTRIMENTAL POR PORCIÓN (2 quesadillas + guacamole)					
Contenido energético	269 kcal	Colesterol	45 mg	Calcio	550 mg
Proteínas	13 g	Hidratos de carbono	25 g	Sodio	248 mg
Lípidos	17 g	Fibra dietética	7 g	Hierro	2 mg

El queso panela tiene un porcentaje bajo de grasa, es rico en sodio y aporta proteína.

Sándwich
de pechuga de pavo

Este sándwich puede funcionar como un tentempié para obtener energía o recuperarla después del ejercicio.

Ingredientes para 4 porciones

- 8 rebanadas de pan de centeno
- 4 cucharadas de mostaza de Dijon
- 4 cucharaditas de salsa de chile chipotle
- 8 rebanadas de pechuga de pavo baja en sodio
- 4 hojas de lechuga sangría
- 1 jitomate cortado en rodajas
- ¼ de taza de germinado de cebolla
- ¼ de taza de germinado de alfalfa

Procedimiento

1. Unte 4 rebanadas de pan por uno de sus lados con la mostaza de Dijon y las otras 4 con la salsa de chile chipotle. Distribuya sobre los panes con mostaza las rebanadas de pechuga de pavo y las rodajas de jitomate. Cubra con las rebanadas de pan restantes.

2. Si desea consumir los sándwiches tibios, caliéntelos en una sandwichera o en un sartén sobre el fuego. Introdúzcales las hojas de lechuga, las rodajas de jitomate y los germinados, y sírvalos.

INFORMACIÓN NUTRIMENTAL POR PORCIÓN (1 sándwich)					
Contenido energético	219 kcal	Colesterol	4 mg	Calcio	59 mg
Proteínas	16 g	Hidratos de carbono	32 g	Sodio	253 mg
Lípidos	3 g	Fibra dietética	2 g	Hierro	4 mg

Siempre desinfecte los germinados, aunque los compre empaquetados. El germinado de alfalfa contiene una gran cantidad de potasio y vitamina A.

Tlacoyos de requesón

Ingredientes para 4 porciones

Salsa verde

- 6 tomates troceados
- ¼ de cebolla troceada
- 1 diente de ajo
- 1 chile serrano
- 6 ramas de cilantro
- ¼ de taza de agua
- sal al gusto

Tlacoyos

- 1 taza de masa de maíz nixtamalizada
- 1 pizca de polvo para hornear
- 1 taza de requesón
- ½ hoja santa sin la nervadura central, picada finamente
- cantidad suficiente de aceite de canola en aerosol
- 4 nopales asados, cortados en tiras

Procedimiento

Salsa verde

1. Licue todos los ingredientes. Ponga sobre el fuego una cacerola; cuando se caliente, baje el fuego, vierta el molido y deje que la salsa se cueza durante 15 minutos. Retírela del fuego, rectifique la cantidad de sal y resérvela.

Tlacoyos

1. Mezcle la masa de maíz con el polvo para hornear, sal al gusto y, si la masa se siente reseca, un poco de agua, hasta obtener una masa de consistencia suave que no se desmorone.

2. Divídala en 8 porciones, deles forma de esferas y aplánelas con las manos hasta obtener una especie de gorditas.

3. Mezcle el requesón con la hoja santa y distribuya esta mezcla en el centro de cada gordita de masa; dóblelas por la mitad sobre sí mismas y palméelas hasta darles forma ovoide con un grosor de 2 centímetros aproximadamente.

4. Ponga sobre el fuego un comal o sartén; cuando se caliente, rocíelo con un poco de aceite y ase los tlacoyos, volteándolos algunas veces para que se cuezan por ambos lados.

5. Sirva los tlacoyos acompañados con la salsa verde y las tiras de nopal.

INFORMACIÓN NUTRIMENTAL POR PORCIÓN (2 tlacoyos + salsa verde)

Contenido energético	269 kcal	Colesterol	7 mg	Calcio	261 mg
Proteínas	13 g	Hidratos de carbono	41 g	Sodio	118 mg
Lípidos	6 g	Fibra dietética	9 g	Hierro	5 mg

El nopal aporta al organismo proteínas, calcio, hierro y vitaminas A y B.

PLATOS PRINCIPALES

Atún
al jengibre

Sellar es una técnica culinaria que se aplica en esta receta, la cual consiste en dorar superficialmente un trozo de carne sin que se cueza totalmente por dentro. Por tanto, asegúrese de comprar el atún en un establecimiento fijo y certificado, ya que consumir atún crudo que fue manipulado incorrectamente puede conllevar riesgos para la salud.

Ingredientes para 4 porciones

- el jugo de 2 limones
- 1 cucharada de aceite de ajonjolí
- 1 diente de ajo picado finamente
- 1½ cucharadas de jengibre fresco rallado
- 1 cucharada de miel de abeja
- 1 cucharada de salsa de soya
- 1 cucharada de vinagre de arroz
- 4 medallones de atún de 120 g c/u
- 1 cucharada de aceite de canola
- 1 cucharada de sake
- sal y pimienta negra recién molida, al gusto

Procedimiento

1. Mezcle en un tazón el jugo de limón con el aceite de ajonjolí, el ajo picado, el jengibre rallado, la miel de abeja, la salsa de soya y el vinagre de arroz.

2. Salpimiente los medallones de atún por ambos lados y báñelos con la mezcla anterior. Déjelos reposar en refrigeración durante 10 minutos.

3. Ponga sobre el fuego un sartén con el aceite de canola; cuando esté caliente, selle en él los medallones de atún por ambos lados hasta que tengan el término de cocción deseado. Retírelos del sartén y resérvelos.

4. Añada el sake al sartén sobre el fuego y raspe el fondo de éste con una espátula para desprender los restos de atún adheridos. Vierta la mezcla donde se marinó el atún y cuézala hasta que se reduzca y tenga la consistencia de un jarabe ligero.

5. Sirva los medallones de atún en platos y báñelos con la salsa.

INFORMACIÓN NUTRIMENTAL POR PORCIÓN					
Contenido energético	299 kcal	Colesterol	45 mg	Calcio	20 mg
Proteínas	29 g	Hidratos de carbono	10 g	Sodio	299 mg
Lípidos	16 g	Fibra dietética	1 g	Hierro	2 mg

El atún se considera un pescado graso. Es una fuente importante de proteínas y contiene vitaminas A, B y D. Puede acompañar este atún con un Arroz con nuez y dátiles (ver pág. 162).

Chiles anchos rellenos
de frijol y queso

Ingredientes para 4 porciones

Cubos de papa con salsa

- 1 chile ancho sin venas ni semillas
- 1 chile chipotle seco sin venas ni semillas
- 6 jitomates
- ½ cebolla
- 1 diente de ajo
- 1 taza de caldo de verduras
- 1 cucharada de aceite de canola
- 1 papa cortada en cubos

- hojas de orégano seco trituradas, al gusto
- comino molido, al gusto
- sal y pimienta negra recién molida, al gusto

Chiles anchos rellenos

- 8 chiles anchos sin venas ni semillas
- 1 cucharada de aceite de canola
- ½ cebolla picada finamente
- 2 tazas de frijoles cocidos y machacados
- 1 taza de caldo de frijol
- 2 tazas de queso asadero rallado

Procedimiento

Cubos de papa con salsa

1. Sumerja los chiles en agua caliente y deje que se hidraten durante 10 minutos. Escúrralos.

2. Ponga sobre el fuego un comal y ase en él los jitomates, la cebolla y el diente de ajo. Lícuelos con los chiles y el caldo de verduras hasta obtener una salsa homogénea.

3. Ponga sobre el fuego una cacerola con el aceite de canola; cuando se caliente, añádale la salsa. Cuando hierva, agréguele los cubos de papa y cuézalos durante 15 minutos o hasta que estén suaves. Sazone la preparación con orégano, comino, sal y pimienta al gusto y retírela del fuego. Resérvela caliente.

Chiles anchos rellenos

1. Sumerja los chiles en agua caliente y deje que se hidraten durante 10 minutos. Escúrralos.

2. Ponga sobre el fuego un sartén con el aceite de canola; cuando se caliente, sofría la cebolla picada hasta que esté suave. Añada los frijoles machacados y el caldo de frijol; mezcle bien, y cuando hierva, incorpore el queso asadero rallado. Retire la preparación del fuego.

3. Rellene los chiles anchos con la preparación de frijol y queso y sírvalos con los cubos de papa con salsa.

INFORMACIÓN NUTRIMENTAL POR PORCIÓN (1 chile + cubos de papa con salsa)					
Contenido energético	389 kcal	Colesterol	43 mg	Calcio	320 mg
Proteínas	20 g	Hidratos de carbono	34 g	Sodio	143 mg
Lípidos	19 g	Fibra dietética	7 g	Hierro	4 mg

Huachinango *en hoja de plátano*

Cerciórese de verificar la cocción del pescado introduciéndole un termómetro;
la temperatura interna debe ser igual o mayor a los 74 °C.

Ingredientes para 4 porciones

- 4 plátanos dominicos
- 4 filetes de huachinango de 120 g c/u
- 4 rectángulos de hoja de plátano de 20 × 30 cm, asados
- 1 diente de ajo picado finamente
- ½ cebolla cortada en aros
- 2 jitomates cortados en rodajas
- 1 chile jalapeño sin semillas ni venas, cortado en tiras
- 2 pimientos morrones rojos sin semillas ni venas, cortados en tiras
- 8 hojas de epazote
- cantidad suficiente de aceite de canola en aerosol
- 2 tazas de arroz blanco cocido al vapor
- ¼ de taza de nueces enteras
- 8 dátiles
- sal y pimienta negra recién molida, al gusto

Procedimiento

1. Pele los plátanos y córtelos en láminas de 1 centímetro de grosor. Resérvelas.

2. Salpimiente los filetes de huachinango por ambos lados y coloque cada uno al centro de uno de los rectángulos de hoja de plátano. Distribúyales encima el ajo picado, los aros de cebolla, las rodajas de jitomate, las tiras de chile jalapeño y de pimiento, las hojas de epazote y las láminas de plátano; rocíelos con un poco de aceite de canola.

3. Para cerrar las hojas, doble uno de sus costados sobre sí mismo cubriendo el pescado; repita este paso con el costado contrario, colocándolo sobre el primer doblez. Doble sobre sí mismas las dos orillas restantes, sobreponiéndolas una sobre la otra; deberá obtener una especie de sobre cerrado. Amarra cada envuelto con hilo cáñamo para evitar que se abran durante la cocción.

4. Cueza los envueltos a baño María durante 10 minutos o hasta que el pescado esté bien cocido. Rectifique la cocción abriendo uno de los paquetes; en caso de que aún le falte cocción, déjelo sobre el fuego durante algunos minutos más. Retire los paquetes del fuego, déjelos reposar algunos minutos y sírvalos.

INFORMACIÓN NUTRIMENTAL POR PORCIÓN

Contenido energético	437 kcal	Colesterol	30 mg	Calcio	61 mg
Proteínas	30 g	Hidratos de carbono	61 g	Sodio	94 mg
Lípidos	8 g	Fibra dietética	5 g	Hierro	4 mg

Acompañamientos ideales para este pescado son la receta Queso en salsa ligera (ver pág. 166) y tortillas de maíz.

Medallones de pechuga
de pavo en salsa verde

La pechuga de pavo es una carne magra y suave, cuyo tiempo de cocción dependerá de la frescura del producto.

Ingredientes para 8 porciones

Medallones

- 1 pechuga de pavo natural de 720 g aprox.
- 1 diente de ajo
- ½ cebolla
- 2 hojas de laurel
- 5 pimientas gordas
  sal al gusto

Salsa verde

- 10 tomates
- 2 chiles serranos
- ½ cebolla
- ½ diente de ajo
- 1 manojo de cilantro
  sal y pimienta negra recién molida, al gusto
- 2 cucharadas de aceite de canola

Procedimiento

Medallones

1. Ponga en una olla exprés la pechuga de pavo con el diente de ajo, la cebolla, las hojas de laurel, las pimientas y sal al gusto; cubra los ingredientes con suficiente agua, cierre la olla y colóquela sobre el fuego. Deje que la pechuga se cueza durante 1½ horas, contando el tiempo a partir de que comience a escapar el vapor de la olla.

2. Retire la olla del fuego y déjela enfriar antes de abrirla. Saque la pechuga de pavo del caldo de cocción, reserve 1 taza de este último y rebane la pechuga en 8 medallones. Reserve ambos por separado y elabore la salsa verde.

3. Sirva los medallones bañados con la salsa verde.

Salsa verde

1. Ponga sobre el fuego un comal y ase los tomates, los chiles serranos, la cebolla y el ajo hasta que su piel se ennegrezca.

2. Licue los ingredientes asados junto con el cilantro, el caldo de cocción de la pechuga de pavo que reservó y sal y pimienta al gusto, hasta obtener una salsa homogénea.

3. Coloque sobre fuego medio un sartén con el aceite; cuando esté caliente, añádale la salsa y deje que se cueza durante 20 minutos; rectifique la cantidad de sal y retírela del fuego.

INFORMACIÓN NUTRIMENTAL POR PORCIÓN					
Contenido energético	219 kcal	Colesterol	52 mg	Calcio	47 mg
Proteínas	23 g	Hidratos de carbono	5 g	Sodio	125 mg
Lípidos	12 g	Fibra dietética	2 g	Hierro	1 mg

Pechuga de pollo
a la mostaza

Para consumir el pollo sin riesgo de adquirir una enfermedad transmitida por alimentos, debe alcanzar durante su cocción una temperatura de 74 °C en la parte central, sin importar la pieza de que se trate.

Ingredientes para 4 porciones

- 1 pechuga de pollo sin hueso ni piel de 650 g
- 1 cucharada de aceite de canola
- 4 cebollas cambray cortadas en cuartos
- 2 dientes de ajo picados finamente
- ½ taza de jugo de limón
- 6 cucharadas de mostaza de Dijon
- hojas de tomillo fresco, al gusto
- sal y pimienta negra recién molida, al gusto
- ½ cucharadita de ralladura de naranja
- 2 cucharadas de ajonjolí tostado

Procedimiento

1. Corte la pechuga de pollo por la mitad a lo largo, y después, corte cada mitad en dos filetes.

2. Ponga sobre el fuego un sartén grande con el aceite; cuando se caliente, sofría la cebolla y el ajo hasta que se suavicen y transfiéralos a un tazón. Añada los filetes de pechuga de pollo al sartén, baje la intensidad del fuego y cuézalos por ambos lados entre 8 y 10 minutos o hasta que estén dorados y bien cocidos del centro. Retírelos y colóquelos en el tazón con la cebolla y el ajo.

3. Añada el jugo de limón al sartén sobre el fuego y raspe el fondo de éste con una espátula para desprender los restos de pollo adheridos. Incorpore la mostaza y sazone con tomillo y sal y pimienta al gusto. Agregue los filetes de pollo con la cebolla, mezcle bien todos los ingredientes y retire la preparación del fuego.

4. Sirva el pollo a la mostaza decorado con la ralladura de naranja y el ajonjolí.

INFORMACIÓN NUTRIMENTAL POR PORCIÓN

Contenido energético	372 kcal	Colesterol	94 mg	Calcio	47 mg
Proteínas	40 g	Hidratos de carbono	8 g	Sodio	305 mg
Lípidos	20 g	Fibra dietética	2 g	Hierro	7 mg

La mostaza de Dijon aporta a los platillos un sabor más fuerte que la mostaza tipo americana, pues se elabora con semillas de mostaza negras. Asimismo, tiene una consistencia más espesa. Acompañe este pollo con los Pastelillos de coliflor (ver pág. 164).

Puntas de res en salsa
ligera de chipotle

Una ventaja que tiene el filete de res frente a otros cortes es su suavidad, la cual
se debe a que la parte del animal de donde proviene no tiene mucho movimiento.

Ingredientes para 4 porciones

500 g de puntas de filete de res

2 cucharadas de aceite de canola

1 cebolla picada finamente

1 diente de ajo picado finamente

8 papas cambray

4 jitomates sin piel, cortados en cubos chicos

2 cucharadas de cilantro picado

4 chiles chipotles secos, picados finamente

comino molido, al gusto

sal y pimienta negra recién molida, al gusto

Procedimiento

1. Corte el filete de res en cubos del tamaño de un bocado; salpimiéntelos y resérvelos.

2. Ponga sobre el fuego un sartén con el aceite; cuando se caliente, sofría la cebolla y el ajo picados hasta que se doren ligeramente. Añada las papas, los cubos de jitomate, el cilantro y el chile chipotle picados; mezcle y sazone con comino y sal y pimienta al gusto. Deje cocer la preparación a fuego medio durante 20 minutos.

3. Añada las puntas de filete y deje que se cuezan durante 15 minutos. Rectifique la sazón, retírelas del fuego y sírvalas.

INFORMACIÓN NUTRIMENTAL POR PORCIÓN					
Contenido energético	356 kcal	Colesterol	76 mg	Calcio	49 mg
Proteínas	31 g	Hidratos de carbono	29 g	Sodio	207 mg
Lípidos	13 g	Fibra dietética	1 g	Hierro	7 mg

Acompañe estas puntas con la receta Arroz y frijol con vegetales (ver pág. 163).

Salmón
a la naranja

Ingredientes para 4 porciones

- 4 filetes de salmón de 120 g c/u, con piel
- 1 plátano macho maduro, sin piel
- 3 cucharadas de aceite de canola
- ½ cebolla morada picada finamente
- 1 taza de jugo de naranja
- 2 tazas de floretes de brócoli cocidos al vapor
- sal y pimienta negra recién molida, al gusto

Procedimiento

1. Salpimiente los filetes de salmón. Precaliente el horno a 170 °C.

2. Corte el plátano en rebanadas sesgadas. Cuando esté el horno a la temperatura adecuada, hornee las rebanadas de plátano hasta que se doren. Resérvelas.

3. Coloque sobre el fuego un sartén grande con 2 cucharadas del aceite; cuando esté caliente, coloque en él los filetes de salmón, con la piel hacia abajo, y deje que se cuezan durante 3 minutos o hasta que la piel se dore; deles la vuelta y continúe la cocción durante un par de minutos más. Retírelos del fuego y resérvelos.

4. Añada el aceite restante al sartén y sofría la cebolla morada. Vierta el jugo de naranja y raspe con una espátula en fondo del sartén para desprender los restos de pescado adheridos; baje el fuego a media intensidad y deje que el jugo se reduzca hasta que tenga una consistencia ligeramente espesa.

5. Sirva el salmón bañado con la reducción de jugo de naranja y acompañado con las rebanadas de plátano y los floretes de brócoli.

INFORMACIÓN NUTRIMENTAL POR PORCIÓN					
Contenido energético	509 kcal	Colesterol	66 mg	Calcio	1 306 mg
Proteínas	33 g	Hidratos de carbono	38 g	Sodio	210 mg
Lípidos	25 g	Fibra dietética	4 g	Hierro	2 mg

El salmón contiene elevados niveles de proteínas, ácidos grasos omega-3 y omega-6, así como vitaminas A, B6, B3, D y K.

POSTRES

Cupcakes
de mora azul

Una vez horneados y a temperatura ambiente, conserve los cupcakes en un recipiente hermético. Refrigérelos si desea prolongar su tiempo de conservación.

Ingredientes para 12 cupcakes

- 3 tazas de harina de trigo
- 1 taza de azúcar
- 1 cucharadita de polvo para hornear
- 1 cucharadita de bicarbonato de sodio
- 2 huevos
- 3 cucharadas de aceite de canola
- 1¼ tazas de leche descremada
- ½ cucharadita de sal
- 1½ tazas de moras azules frescas
- 1 taza de nueces troceadas

Procedimiento

1. Precaliente el horno a 180 °C. Coloque capacillos en las cavidades de una charola con capacidad para 12 cupcakes.

2. Cierna sobre un tazón la harina de trigo, el azúcar, el polvo para hornear y el bicarbonato de sodio. Reserve esta mezcla.

3. Bata en un tazón los huevos con el aceite de canola y la leche descremada. Añada poco a poco la mezcla de harina, batiendo hasta obtener una mezcla homogénea. Incorpore la sal, las moras azules y las nueces troceadas.

4. Distribuya la preparación en los capacillos hasta llenar las cavidades del molde casi por completo. Hornee los cupcakes durante 50 minutos o hasta que al insertar un palillo en el centro de uno de ellos, éste salga limpio. Déjelos enfriar sobre una rejilla y sírvalos.

INFORMACIÓN NUTRIMENTAL POR PORCIÓN (1 cupcake)					
Contenido energético	298 kcal	Colesterol	32 mg	Calcio	49 mg
Proteínas	7 g	Hidratos de carbono	45 g	Sodio	151 mg
Lípidos	10 g	Fibra dietética	1 g	Hierro	1 mg

Flan
de café

Ingredientes para 6 porciones

- 2½ tazas de leche descremada
- 2 rajas de canela
- 4 g de edulcorante sin calorías
- 180 ml de café expreso o 3 cucharadas de café soluble
- 4 huevos
- 60 g de ralladura de chocolate amargo

Procedimiento

1. Coloque sobre el fuego una olla con la leche descremada y las rajas de canela. Cuando hierva, permita que se mantenga así durante un par de minutos. Añádale el edulcorante y el café y retírela del fuego. Deje que se entibie.

2. Precaliente el horno a 180 °C. Retire de la leche las rajas de canela y deséchelas. Licue la leche con los huevos.

3. Distribuya la preparación en 6 flaneras, cúbralas con papel aluminio y colóquelas en una charola de paredes altas. Llene la mitad de la charola con agua caliente, cuidando que ésta no toque el papel aluminio que cubre las flaneras.

4. Hornee los flanes entre 25 y 30 minutos o hasta que estén firmes al tacto. Déjelos enfriar por completo y refrigérelos como mínimo durante 2 horas antes de consumirlos.

5. Sírvalos decorados con la ralladura de chocolate amargo.

INFORMACIÓN NUTRIMENTAL POR PORCIÓN (1 flan)					
Contenido energético	245 kcal	Colesterol	128 mg	Calcio	268 mg
Proteínas	12 g	Hidratos de carbono	27 g	Sodio	128 mg
Lípidos	10 g	Fibra dietética	2 g	Hierro	1 mg

Gelatina de fresa
con guayaba

Esta gelatina se conserva en buen estado durante varios días en refrigeración.

Ingredientes para 8 porciones

- 6 guayabas enteras + 2 cortadas en rodajas
- 1.8 l de agua
- 1 sobre de grenetina en polvo
- 4 sobres de polvo para preparar gelatina sabor fresa, sin azúcar
- 2 fresas rebanadas

Procedimiento

1. Licue las guayabas enteras con 500 ml de agua hasta obtener una mezcla homogénea; cuélela.

2. Mezcle en un recipiente pequeño la grenetina con ¼ de taza de agua y déjela reposar durante 5 minutos; introdúzcala algunos segundos en el microondas hasta que se funda.

3. Caliente el resto del agua y añádale el polvo para gelatina de fresa; mezcle hasta que obtenga una preparación sin grumos e incorpórele la grenetina fundida y la mezcla de guayaba.

4. Vierta la preparación en 12 moldes individuales; cuando las gelatinas se hayan enfriado, introdúzcalas al refrigerador y deje que cuajen durante 4 horas o hasta que estén firmes. Decórelas con las rodajas de guayaba y las rebanadas de fresa.

INFORMACIÓN NUTRIMENTAL POR PORCIÓN (1 gelatina)					
Contenido energético	125 kcal	Colesterol	0 mg	Calcio	34 mg
Proteínas	5 g	Hidratos de carbono	24 g	Sodio	6 mg
Lípidos	1 g	Fibra dietética	9 g	Hierro	0 mg

La guayaba es rica en vitamina C y potasio, elementos que la hacen ideal para combatir el resfriado. También contiene vitaminas A y B3.

Manzana
verde al horno

Es importante que no sobrecueza las manzanas, de lo contrario se ablandarán en exceso.

Ingredientes para 6 porciones

- 6 manzanas verdes descorazonadas
- 1 cucharada de canela en polvo
- 2 cucharadas de azúcar mascabado
- 1 vaina de vainilla abierta por la mitad a lo largo
- ½ taza de nueces troceadas
- 6 bolas de helado de yogur de 80 g c/u

Procedimiento

1. Precaliente el horno a 180 °C.

2. Coloque las manzanas en un refractario. Raspe el interior de la vaina de vainilla con la punta de un cuchillo y mézclelo con la canela en polvo; espolvoréela en el interior de las manzanas.

3. Añada el azúcar mascabado y las nueces troceadas en la parte superior de las manzanas.

4. Tape el refractario con papel aluminio y hornee las manzanas durante 45 minutos.

5. Sírvalas con el helado de yogur.

INFORMACIÓN NUTRIMENTAL POR PORCIÓN (1 manzana + 1 bola de helado)					
Contenido energético	335 kcal	Colesterol	4 mg	Calcio	141 mg
Proteínas	6 g	Hidratos de carbono	58 g	Sodio	47 mg
Lípidos	9 g	Fibra dietética	5 g	Hierro	2 mg

Nieve de naranja
y menta

*Siempre es preferible consumir jugo de naranja natural recién exprimido,
pues el embotellado contiene gran cantidad de azúcares añadidos.*

Ingredientes para 6 porciones

1½ tazas de agua

10 g de edulcorante sin calorías

8 hojas de menta

3 tazas de jugo de naranja natural

¼ de taza de jugo de limón

1 naranja cortada en gajos

Procedimiento

1. Ponga sobre el fuego una olla con el agua; cuando hierva, añádale el edulcorante y las hojas de menta y déjela hervir durante 1 minuto. Retírela del fuego y déjela enfriar.

2. Cuele el agua y mézclela con los jugos de naranja y de limón.

3. Vierta la preparación en un recipiente de vidrio o de acero inoxidable y congélela durante 1 hora. Sáquela del congelador, mézclala con un batidor globo y congélela nuevamente durante 1 hora. Repita la operación 2 o 3 veces más.

4. Antes de servir la nieve, déjela reposar 15 minutos en refrigeración para suavizarla ligeramente. Sírvala en copas para postre y decórela con los gajos de naranja.

INFORMACIÓN NUTRIMENTAL POR PORCIÓN					
Contenido energético	105 kcal	Colesterol	98 mg	Calcio	30 mg
Proteínas	4 g	Hidratos de carbono	16 g	Sodio	33 mg
Lípidos	3 g	Fibra dietética	0 g	Hierro	1 mg

*La naranja es rica en vitamina C y potasio. Se utiliza como diurético y al mismo tiempo
es buena para la digestión. En cocina se puede utilizar el jugo, la pulpa, la cáscara
(evitando la parte blanca que es de sabor amargo), y del árbol, las hojas y flores.*

Panqué integral
de plátano y linaza

Puede conservar este panqué hasta por 1 semana dentro de un recipiente hermético.

Ingredientes para 12 porciones

- 1 ¼ tazas de harina de trigo integral
- 1 cucharadita de polvo para hornear
- 2 tazas de cereal de salvado de trigo
- ¼ de taza de semillas de linaza
  la pulpa de 5 plátanos Tabasco, machacada
- 3 huevos
- 2 cucharadas de aceite de canola
- ¼ de taza de leche descremada
- ¼ de taza de arándanos deshidratados
  cantidad suficiente de aceite en aerosol

Procedimiento

1. Precaliente el horno a 180 °C.
2. Combine la harina con el polvo para hornear y tamice la mezcla.
3. Mezcle en una batidora el cereal de salvado de trigo con la linaza y la pulpa de plátano. Incorpórele la mezcla de harina. Añádale los huevos, el aceite y la leche. Finalmente, agréguele los arándanos.
4. Engrase con aceite en aerosol moldes individuales y enharínelos. Distribuya en ellos la mezcla y hornee los panqués durante 45 minutos. Retírelos del horno, déjelos enfriar, desmóldelos y sírvalos.

INFORMACIÓN NUTRIMENTAL POR PORCIÓN (1 panqué)

Contenido energético	174 kcal	Colesterol	54 mg	Calcio	69 mg
Proteínas	6 g	Hidratos de carbono	24 g	Sodio	52 mg
Lípidos	6 g	Fibra dietética	6 g	Hierro	3 mg

La linaza es una fuente importante de fibra dietética, pues tiene aproximadamente 30%.
También contiene proteína y omega-3.

Plátano macho
horneado con yogur y especias

Optimice el tiempo de preparación realizando la mezcla de yogur con especias
con anticipación y manteniéndola en refrigeración hasta su uso.

Ingredientes para 6 porciones

- 6 plátanos machos maduros, pelados
- 1 cucharada de canela en polvo + ¼ de cucharadita
- 1 vaina de vainilla abierta por la mitad
- ½ taza de agua
- 2 tazas de yogur griego natural sin azúcar
- ¼ de cucharadita de cardamomo molido
- ¼ de cucharadita de nuez moscada molida
- ¼ de cucharadita de anís molido
- 2 g de edulcorante sin calorías
- 3 cucharadas de almendras fileteadas tostadas

Procedimiento

1. Precaliente el horno a 180 °C.
2. Coloque los plátanos en un refractario. Raspe el interior de la vaina de vainilla con la punta de un cuchillo y mézclelo con la cucharada de canela en polvo; espolvoréela sobre los plátanos.
3. Añada el agua al refractario, tápelo con papel aluminio y hornee los plátanos durante 45 minutos. Sáquelos del horno y déjelos reposar durante algunos minutos.
4. Mezcle el yogur natural con las especias y el edulcorante. Sirva los plátanos calientes o a temperatura ambiente acompañados con el yogur con especias y las almendras fileteadas.

INFORMACIÓN NUTRIMENTAL POR PORCIÓN					
Contenido energético	269 kcal	Colesterol	11 mg	Calcio	111 mg
Proteínas	5 g	Hidratos de carbono	51 g	Sodio	38 mg
Lípidos	5 g	Fibra dietética	5 g	Hierro	0 mg

ACOMPAÑAMIENTOS

Arroz con nuez
y dátiles

El arroz seco empaquetado tiene una vida de anaquel de 2 años aproximadamente.
Una vez abierto, se reduce a 1 año.

Ingredientes para 6 porciones

- 1½ tazas de arroz blanco
- 3 tazas de agua
- 2 cucharadas de aceite de canola
- 3 cucharadas de cebolla picada finamente
- 1 diente de ajo picado finamente
- 1 taza de chícharos frescos
- ½ taza de cubos de calabacita
- ½ taza de nueces picadas
- 8 dátiles picados
  sal y pimienta negra recién molida, al gusto

Procedimiento

1. Lave el arroz con agua fría en un tazón; escúrralo y repita la operación 3 o 4 veces hasta que el agua que escurra sea traslúcida. Deje escurrir el arroz en una coladera durante 15 minutos.

2. Coloque en una cacerola el arroz con el agua; póngala sobre el fuego, y cuando el agua hierva, tape la olla, reduzca la intensidad del fuego y deje que se cueza durante 15 minutos o hasta que haya absorbido toda el agua. Retire la cacerola del fuego y deje que el arroz repose, tapado, durante 15 minutos.

3. Ponga sobre fuego medio un sartén con el aceite de canola; cuando se caliente, sofría la cebolla y el ajo picados hasta que estén suaves. Agregue los chícharos y los cubos de calabacita y cuézalos entre 3 y 5 minutos o hasta que estén suaves. Añádale sal y pimienta al gusto y retire la preparación del fuego.

4. Mezcle con cuidado la preparación anterior con el arroz, las nueces y los dátiles picados. Sirva.

INFORMACIÓN NUTRIMENTAL POR PORCIÓN					
Contenido energético	228 kcal	Colesterol	0 mg	Calcio	15 mg
Proteínas	4 g	Hidratos de carbono	28 g	Sodio	81 mg
Lípidos	11 g	Fibra dietética	2 g	Hierro	1 mg

Utilice esta receta para acompañar recetas con bajas cantidades de carbohidratos.
El arroz es rico en magnesio, vitamina B6, fósforo y zinc.

Arroz y frijol con vegetales

Dejar en remojo los frijoles desde la noche anterior ayuda a que su cocción sea más rápida y a disminuir los polisacáridos que pudieran generar gases en el organismo.

Ingredientes para 8 porciones

- 2 tazas de frijoles negros remojados desde la noche anterior
- ¼ de cebolla entera + 1 picada finamente
- 1 diente de ajo entero + ½ picado finamente
- 2 ramas de epazote
- 2 tazas de arroz blanco
- 2 cucharadas de aceite de canola
- ½ taza de pimiento morrón rojo, sin venas ni semillas y picado
- ½ taza de cubos de zanahoria
- ½ taza de cubos de calabacita
- comino molido, al gusto
- sal y pimienta negra recién molida, al gusto

Procedimiento

1. Ponga los frijoles en una olla exprés, cúbralos con agua y añádales el ¼ de cebolla entera, el diente de ajo entero, las ramas de epazote y sal al gusto. Cierre la olla, colóquela sobre el fuego y deje que los frijoles se cuezan durante 45 minutos, contando el tiempo a partir de que el vapor comience a escapar de la olla. Retire la olla del fuego y déjela enfriar antes de abrirla.

2. Cueza el arroz al vapor siguiendo el paso 2 de la página 162. Déjelo reposar a temperatura ambiente hasta que se enfríe.

3. Ponga sobre el fuego una olla con el aceite de canola; cuando se caliente, sofría la cebolla y el ajo pica-dos. Añada el resto de las verduras y cocínelas entre 5 y 8 minutos o hasta que estén suaves.

4. Escurra los frijoles y añádalos a la olla con las verduras junto con ½ taza de su caldo; sazone con comino molido y sal y pimienta al gusto. Deje hervir la preparación durante 15 minutos o hasta que el líquido se haya reducido casi por completo.

5. Coloque el arroz en un tazón e incorpórele la mezcla de verduras y frijol. Rectifique la cantidad de sal y sirva.

INFORMACIÓN NUTRIMENTAL POR PORCIÓN					
Contenido energético	291 kcal	Colesterol	0 mg	Calcio	73 mg
Proteínas	13 g	Hidratos de carbono	51 g	Sodio	82 mg
Lípidos	4 g	Fibra dietética	8 g	Hierro	4 mg

Los frijoles son una fuente importante de potasio, magnesio y vitaminas A y C.

Pastelillos
de coliflor

Ingredientes para 6 porciones

cantidad suficiente de mantequilla para engrasar

cantidad suficiente de harina de trigo para enharinar

800 g de floretes de coliflor

1 cucharada de aceite de canola

½ cebolla picada finamente

¾ de taza de queso Oaxaca deshebrado

½ taza de amaranto

2 huevos

sal y pimienta negra recién molida, al gusto

Procedimiento

1. Precaliente el horno a 180 °C. Engrase y enharine 6 moldes para panqué individuales.

2. Muela los floretes de coliflor en un procesador de alimentos hasta obtener una mezcla fina. Colóquela en un tazón y resérvela.

3. Ponga sobre el fuego un sartén con el aceite de canola; cuando se caliente, sofría la cebolla picada hasta que esté suave. Incorpórela al molido de coliflor junto con los demás ingredientes, hasta obtener una masa homogénea.

4. Distribuya la mezcla en los moldes hasta llenarlos a la mitad de su capacidad y hornéelos durante 30 minutos.

5. Desmolde los pastelillos y sírvalos.

INFORMACIÓN NUTRIMENTAL POR PORCIÓN (1 pastelillo)					
Contenido energético	151 kcal	Colesterol	75 mg	Calcio	133 mg
Proteínas	11 g	Hidratos de carbono	9 g	Sodio	115 mg
Lípidos	8 g	Fibra dietética	2 g	Hierro	5 mg

Si adquirió coliflor de más, puede guardarla en una bolsa de plástico y congelarla hasta por 10 meses.

Pastel de col
con queso

Lave y desinfecte la col hoja por hoja. Si desea guardarla para otros usos, seque las hojas perfectamente y consérvelas en refrigeración en un recipiente hermético o bolsa resellable con capas de papel absorbente. Así evitará que se marchite rápidamente por la humedad.

Ingredientes

800 g de col fileteada

2 cucharadas de aceite de canola

1 cebolla fileteada

4 huevos

sal y pimienta negra recién molida, al gusto

1 taza de queso panela rallado

200 g de requesón

Procedimiento

1. Cueza la col a baño María con suficiente agua. Cuando esté suave, retírela del fuego.

2. Ponga sobre el fuego un sartén con el aceite; cuando se caliente, sofría la cebolla fileteada hasta que se dore ligeramente. Licúela con los huevos y añada sal y pimienta al gusto.

3. Precaliente el horno a 175 °C. Cubra con papel aluminio un refractario o molde para pastel.

4. Mezcle en un recipiente la col, el queso panela, el requesón y la mezcla de huevo y cebolla. Vierta esta preparación en el refractario o molde y hornéela durante 45 minutos. Corte el pastel en 8 porciones y sírvalo caliente.

INFORMACIÓN NUTRIMENTAL POR PORCIÓN					
Contenido energético	161 kcal	Colesterol	110 mg	Calcio	234 mg
Proteínas	11 g	Hidratos de carbono	9 g	Sodio	259 mg
Lípidos	9 g	Fibra dietética	2 g	Hierro	2 mg

La col, también conocida como repollo, es una fuente de vitaminas C y K.

Queso
en salsa ligera

Ingredientes para 4 porciones

- 1 cucharada de aceite de canola
- ½ cebolla picada
- ½ cucharadita de ajo picado
- 1 cucharada de chile serrano picado
- 1 cucharada de pimiento morrón rojo picado

- 6 tomates medianos troceados
- 6 ramas de cilantro
- 2 tazas de cubos de queso panela
- sal y pimienta negra recién molida, al gusto
- tortillas de maíz al gusto

Procedimiento

1. Ponga sobre el fuego un sartén con el aceite de canola; cuando se caliente, sofría la cebolla y el ajo picados. Añada el chile serrano y el pimiento y sofríalos durante un par de minutos.

2. Licue los tomates con la mezcla anterior hasta obtener una salsa homogénea. Salpimiéntela al gusto.

3. Vierta la salsa en una cacerola y colóquela sobre el fuego; cuando hierva, agregue los cubos de queso panela y deje que se calienten durante un par de minutos.

4. Sirva los cubos de queso acompañados con tortillas de maíz.

INFORMACIÓN NUTRIMENTAL POR PORCIÓN					
Contenido energético	269 kcal	Colesterol	54 mg	Calcio	770 mg
Proteínas	15 g	Hidratos de carbono	23 g	Sodio	285 mg
Lípidos	13 g	Fibra dietética	4 g	Hierro	3 mg

Para cortar los productos lácteos, como los quesos, se recomienda utilizar una tabla blanca, mientras que para las verduras es ideal utilizar una tabla verde. Si sólo cuenta con una tabla, lávela y desinféctela perfectamente cada vez que cambie de grupo de alimentos.

Índice de recetas